スペシャリスト直伝！

社会科授業力アップ

成功の極意

学びを深める必須スキル

佐藤 正寿 著

明治図書

JN043625

≫≫≫ はじめに

　私が初任で赴任した小学校で最初に行った研究授業は社会科でした。同じ地区に採用された初任の教員が参観する授業でした。事前に校内で他の先生に指導を受けたり，時には自分が先輩教員の社会科授業を参観したりしました。

　その準備の過程で痛感したのは「自分には授業技術（スキル）が不足している」ということです。発問，板書，ノート指導といった基本的なことはもちろん，資料の読み取りや地図帳の使い方といった社会科ならではの指導法も未熟だということを，研究授業を通じた先輩方からの指導から感じざるを得ませんでした。

　ただし，初任者にとって一気に様々な授業技術（スキル）を身につけることは無理です。まずは授業で毎時間準備をしていた「発問」から取り組むことにしました。初任当時の1980年代は教育雑誌や書籍等で発問研究がテーマになることが多く，様々な発問を試みました。その結果，資料に応じた発問や思考を深める発問のスキルが少しずつ身についてきました。

　やがて，「板書」，「ノート指導」，「資料活用」というようにスキルの対象も広がりました。初任から40年近く過ぎた現在も，社会科の授業に関する様々なスキルは研究中です。

　このような経緯から自分が学び続けたり，実践したりしたものを「子どもたちの学びを深めるスキル」という視点からまとめたものが本書です。

　第1章では，社会科授業での学びを深めるために不可欠なスキルを16項目リストアップし，それぞれ4ページにまとめています。先に述べた発問や板書，ノート指導といったスキルはもちろん，「問題意識を高めるスキル」，「『振り返り』を充実させるためのスキル」，「子どもたちが教科書を活用する

方法を教えるスキル」というように，社会科授業の質が高まる16項目のスキルについて記しました。

第2章では社会科の授業デザインの視点から，「教師の教材追究力を生かすスキル」，「ユニバーサルデザインの考えを生かしたスキル」といった7項目のスキルを示しました。具体的な授業例をもとに各項目8ページにまとめましたので，授業の様子とその背後にある授業観を読み取ってくだされば幸いです。

なお，どちらの章でも最も自分が必要としている部分から読むことをお勧めします。「今自分が知りたいのは話し合いの力を伸ばすスキルだ」ということであれば，その項目から読んでいただきたいと思います。それが子どもたちに必要な力をすぐに伸ばすことになると考えるからです。本書から得られた情報が，皆様のこれからの社会科授業の参考になればと願っています。

本書を出版するにあたっては編集担当の及川誠さんに大変お世話になりました。執筆過程で困難にも直面しましたが，無事出版にこぎつけることができました。心から厚くお礼申し上げます。ありがとうございました。

2024年1月

佐藤　正寿

>>> 目　次

>>> **Chapter1**

学びを深める！
社会科授業の必須スキル16

>>>> **Chapter2**

このスキルで授業が変わる！
社会科授業デザイン　はじめの一歩
―教材追究と多様な学びの生かし方―

>>>>>>> **Chapter 1**

学びを深める！
社会科授業の必須スキル16

>>> 問題意識を高めるスキル

「どうして？」「解決したい！」 という意識に導きたい

★ Point!
①意識を高める資料の提示を一工夫する
②ゆさぶりと共有化で，問題意識を深め，広げる

① 問題意識を高める資料の提示と働きかけ

　子どもたちの問題意識を高めるために，導入場面では何らかの情報提示や働きかけを教師が行うことが多いであろう。ここで重要なのは，子どもたちが導入から気づきや疑問を次々と発言するような資料や事実を準備することである。

　教科書には子どもたちの問題意識を高めるのに適した資料が意図的に配置されていることが多い。たとえば，6年生での武士の政治の学習において，「武士の館」の想像図を提示する。教科書に大きなサイズで掲載されており，時間をかけて扱いたい図である。気づきや思ったことを自由に発言させると，子どもたちから，次のように様々な発言が出てくる。

・入口の門で見張りをしている人がいる。

・戦うための練習をしている人もいる。

・建物の周りに塀がある。深そうな堀もある。

・田んぼでは米作りを行っている人たちがいる。

　次に子どもの発言を教師が方向づけながら，学習意識を高めていく。「確かに見張りをしている人々がいるね。何をしているのだろう。」「塀や堀があることでどんなよい点があるのだろうか。」等，**子どもたちの発言を深堀り**

する働きかけをしていく。そして，「武士はどのような暮らしをしていたのか。」という学習問題に導くのである。

「なかなか子どもたちが発言しなくて，導入から困っている。」というのであれば，次のように**資料提示を一工夫**する。

〇**資料の一部を隠す**

　→堀の橋からつながる館の入口の部分を隠して，どのような構造になっているか理由をつけて予想させる。

〇**他の資料と比較させる**

　→「貴族の屋敷」と比較させ，その違いから，どのような時代の変化が考えられるか予想させる。

　同じ教科書の資料を活用しても，教師の働きかけによって，子どもたちの問題意識の高まりは変わってくる。ここで示した発言を深堀りする働きかけや資料提示の一工夫は，資料自体が子どもたちにとって魅力的なものである場合，一定の効果がある。

❷ 情報収集活動後にゆさぶる

　見学や調査等の子どもたちの情報収集活動は知識を得るだけではなく，新たな学習問題の布石になる。

　たとえば，4年生のごみの学習で，家庭でのごみ調査を行うと，多くの量と複数の種類のごみが出されていることがわかる。「それらのごみは誰がどのように処理しているのか」と問うと，ごみ収集車や近くのごみ集積所，リサイクルといった子どもたちの既有の知識が情報となって出てくる。

　ここでの教師の役目は，**子どもたちの知識や考えのあいまいさをゆさぶる**ことだ。たとえば，ごみ収集車と集積所に関することなら次のようなゆさぶりが考えられる。

> ・ごみ集積所は学校の周りにはどこにあるのか
> ・ごみ収集車は週に何回，何曜日に来るのか
> ・どういうルールでごみを集めているのか

　自分の経験から予想を立てる子もいるが，多くの子どもたちは「よくわからない」と答える。ここで，**子どもたちは「自分たちは，ごみのことをよくわかっていない」という自覚をもつ**であろう。このことが「問題解決したい」という意欲につながる。

　そして，「自分たちがごみの学習で調べたいことは何か。」と改めて問い，問題意識の向上に結びつけるのである。

③ 思考が深まる学習問題を教師から

　「子どもたちの思考を確実に深める」ための工夫の１つとして，教師から問題意識を高める学習課題や発問を提示したい。

> ●**共通項の抽出**
> ・工業の盛んな地域の条件は何か。
> ●**自分事としての選択・判断**
> ・あなたが店長なら，どの工夫を一番大切にするか。
> ●**相対(あい)する事象の提示**
> ・国内に工場があるのに，なぜわざわざ海外の工場を増やすのか。
> ●**対立軸の提示と立場の明確化**
> ・食料の輸入が増え続けることにあなたは賛成ですか。反対ですか。

　このような学習問題は，波線部分の形式を応用して他の内容でも教師がつくることができる。

　ただし，安易に形式のみを真似るのではなく，解決の前提となる知識を事前に把握したり，学習問題の意図を子どもたちに伝えたりすることが必要である。

④ 問題意識を共有化する

　問題意識が高まる様子を，教師は積極的に発言する子どもたちから判断しがちだが，学級全体を見渡してその様子を見ることが大切である。もし，一部の子に限っている状態なら，教師は問題意識を学級全体に広げる働きかけをする必要がある。

・どうして疑問に思ったの？みんなにも聞いてほしいから，くわしく教えて

・今，○○さんが言ったことを「なるほど」と思った人？

　このような働きかけは小刻みに行うようにする。一部の子の疑問や解決したいという意識が学級全体に共有化されていくことは，学級全体の学習意欲の高まりに結びつく。

2 ⫸ 話し合い活動を充実させるためのスキル

話し合いを「かみあうもの」にするために

①話し合い活動に見られるいくつかの課題

　授業時間における話し合い活動のウェイトは大きい。研究授業を参観すると，授業後半に一定時間，話し合い活動が位置づけられていることが多い。それらの話し合い活動の一番の目的は学習問題を解決するためにある。

　しかし，次のような課題が見られるのではないだろうか。

（1）　話し合い活動自体が目的化している

　学びが深まれば話し合い活動は意義がある。しかし，「話し合い活動を取り入れればよい」という考えから，形式的に1時間の中に入れているのでは，話し合い活動自体が目的化してしまうことになる。

（2）　「話し合い」ではなく，「発表し合い」になっている

　活発に子どもたちは発表しているものの，個々の「発表し合い活動」になっている場合が見られる。話し合いがかみあっていない例である。ここで必要なのは，一人一人が発言することだけではなく，お互いに論じ合うことである。そのためには内容に関わって論点が明確でなければいけない。また，その具体的な方法も身につけなければいけない。これは教師の役目である。

（3） 子どもたちに話し合う「内容」が少ない

　あるテーマについて話し合おうにも，子どもたち自身に知識や自分なりの考えが乏しければ，話し合いが活発化しないことは当然のことである。事前に教師が話し合いに必要な学びを行っていなければいけない。

　このように，話し合い活動が深いものになるためには，その目的や意義を子どもたちにも考えさせ，そのうえで具体的な方法を教えたり，教師のすべきことを意識したりすることが必要なのである。

②　話し合いを深めるために

（1）　話し合い活動の目的を伝える

　先に述べたように，授業における話し合い活動は，学習問題を解決するためである。

　「この学習問題を解決するために，話し合いをしよう。」と事前に目的を子どもたちと共有することが肝要である。同時に，「進んで自分の考えを伝えることで，終わった時にその考えが深まっていたらすばらしいね。」と，教師の願いを伝えるようにしたい。また，話し合いの過程でも，「目的は学習問題の解決だね」と原点に立ち返るようにする。

　このことは，重要な評価のポイントになる。

・話し合いによって学習問題が解決できたか（あるいは解決の方向性を得ることができたか）
・話し合いによって，自分の考えが深まったか

　この２点について，話し合い活動後に振り返りをすることで，子どもたちも話し合い活動をする意義を感じることができるであろう。

（2） 立場を決めてから話し合いを始める

5年生の「自動車の海外生産」を例にする。

まずは，話し合うための前提として一定の知識が必要である。授業の前半で自動車の海外生産の経緯とそのメリットと課題になっている点を理解するようにする。これによって，各自が話し合いのための内容をもつことになる。

そのうえで，「あなたは，このまま自動車の海外生産を増やし続けるという考えに賛成ですか。反対ですか。」というテーマで話し合いをさせる。こうすることで，子どもたちは賛成か反対かの**どちらかの立場に立たざるを得ない**。迷っている子どもには，「どちらかといえば賛成（反対）」「迷っているので中間」といった立場も最初は認めるようにする。

このように，いったん立場を決めることで，賛成と反対のそれぞれの立場の意見について関心が高まる。

（3） 留意点の確認をする

実際の話し合い活動では，そのテーマに応じて留意点を確認しておくことが大切である。（2）の例の場合には，賛成派と反対派のそれぞれの立場からの発言になるので，以下のようなことが考えられる。

○賛成派と反対派の決着をつけることが目的ではない
○大切なのは話し合いの中で考えが深まること
○異なる立場の意見に納得がいったら立場の変更は構わない

特に重要なのは異なる立場の意見である。賛成，反対の決着を決めるわけではないので，異なる立場の考えほど理解するように努めるように指導をする。必要があれば質問をしたり，時には反論をしたりする。それは，話し合いを深めることにつながる。そのうえで，立場を変更することは，当初の考えが深まったことの証左なので，価値づけを図るようにしたい。

（4） 他の人に響く発言の方法を教える

　話し合いにおける重要な発言方法として，**「発言の根拠を示す」**ことがあげられる。次のような例が考えられる。

　・〇ページの折れ線グラフを見ると，自動車の海外生産が増え続けるのに対して，国内生産はピークの時から400万台減っています。国内の工場や働く人が減るのは問題です。

　・でも，海外で生産しているから会社も成長して，〇ページの地図では世界中に日本の自動車会社の工場があることがわかります。それは，日本の工業にとっても大切だと思います。

　2つの発言に共通することは，実際の資料からデータを読み取っていることであり，その点では説得力がある。その点では，他の人に響く発言になる。教師も「根拠をもとに発言しよう」と適宜働きかけるようにしたい。

　また，根拠をもとに発言することが苦手な子どもでも発言しやすくするために，**共感したことを発言することも奨励する。**「今の〇〇くんの発言は根拠が明らかで，納得がいきました。」といったものである。このような発言も先の発言者に響くものであり，話し合い活動への参加意欲を高めることになる。

3 ≫≫≫ ペア学習・グループ学習を活性化するスキル

発表するだけに終わらせない

★ Point!
①学習の目的を明確にし，スキルを育てる
②全員参加の場面を設定し，参加意識を高める

① ペア学習・グループ学習の意図するところ

　授業において，ペア学習やグループ学習は珍しいものではない。1時間に1度はそのような活動を取り入れている教師も多いであろう。

　社会科の授業ではたとえば，次のような場面が考えられるであろう。

・地図帳を使った地名探しで，見つけたところをペアで確認する

・あるテーマについて自分が考えたことをペアやグループで発表し合う

・教師の発問で反応が芳しくない時，ペアやグループでの話し合いを取り入れることが活性化する

　これらの意図するところは，**確認の活動を含め，自分の考えを広く伝え，その考えを深めるところにある。**一人一人が確かめたり，話したりする機会が保障されている学習活動は，授業への参加意欲を高める効果もあるだろう。これらのことを考えたら，教師が授業で積極的に取り入れるのも納得がいく。

　ただ，ペア学習やグループ学習が教師の意図するレベルに達しておらず，話し合った内容が深まらなかったり，そもそも話し合い自体が成立しなかったりという場合も見られる。その指導に不足している点は何なのだろうか。

②目的を明確にする

　まずは学習活動の目的を子どもたちが明確に理解することが第一である。目的が異なれば，次のようにペア学習やグループ学習の活動内容が変わってくる。

・目的が資料の内容の確認（例：「資料で大きな変化はどこか」）
　→資料の一部分を指さして見合ったり，一言伝え合ったりすること
・目的が資料からの広い読み取り（例：「資料から気づくことは何か」）
　→活動の中心はお互いに多くの情報を出し合うこと
・目的が資料から考えを深めること（例：「資料から考えられる理由で
　あなたが賛成するのはどれか」）
　→活動の中心は自分が選択したものとその根拠を話し合うこと

　その点で，子どもたちに対する活動目的の提示や指示は重要である。

・今，ペアで話し合うことで大事なのは，多くの気づきを出し合うこと
　です。合わせていくつの気づきが出てくるか数えましょう。
・これからグループで話し合います。あなたが賛成するものについて根
　拠を加えて話し合いましょう。自分の考えが深まったら，よい話し合
　いだったといえます。

　先の例であれば，このような発話をペア学習やグループ学習の活動前に発問と共に子どもたちに指示したい。

③ 話し合いを焦点化するスキルを育てる

　目的を自覚していても，子どもたちに話し合いのスキルを身につけていないと，考えが焦点化しにくい。たとえば，賛成する内容とその根拠を話し合う際に，「一人ずつ順番に発表して終わり」では，グループ学習が単にグループ内での発表し合いに終始することになる。次のように一人一人の考えを焦点化する話し合いのスキルが必要である。

・みんなから出てきたものを大きく分けると…（分類）

・まとめると●●に賛成の意見は…，▲▲に賛成の意見は…（総合）

・○○さんに自分は同じ（反対）だけど，その理由は…（賛成・反対）

・今出ている□□と△△の２つの考えを比べると…（比較）

　このように話し合いを焦点化する発言が，話し合いのプロセスで自然に出てくるようなスキルを身につけさせたい。

④ ペア学習・グループ学習だからできる全員参加型の学習

　基本的にペア学習やグループ学習は，学びを深める話し合いの活動として位置づけられることが多い。「全員参加」という視点から考えると他の学習場面として位置づけられる。

（1）　説明する場面で

　調べたことや見学したことをまとめる。それを説明する時に，相手意識をもたせる点で，ペア学習やグループ学習は効果的である。

　たとえば自動車工場の見学に行く前に，「今回はノートに見学の内容をまとめます。ペアで説明し合います。」と予告しておく。実際の見学後には，

まとめの時間をとり，その後一定時間を設けてお互いに説明する時間とする。その際，「相手の説明から，自分が書いていなかったことがあったら加えなさい」と指示をする。説明する際も，聞き手になっても全員が参加し，見学での学びを深めることができる。

（2） アイデアを出す場面で

　あるテーマについて，子どもたちが何らかのアイデアを出す場合がある。「私たちのまちの伝統工芸品をどのようにして広めたらよいか考えよう」，「森林保護のためにできることを考えよう」といったものである。このような学習の初期の段階では，ペア学習やグループ学習によって「アイデアの幅を広げる」ことが可能である。たとえば，次のように行う。

・まず一人一人がアイデアを考える。この時は少なくても構わない

・ペアあるいはグループで発表し合う

・他の人の発表からヒントを得て，新たなものを話し合う

・新たに出てきたアイデアを加える

　このようなアイデアを出し合う学習では，なかなか発想が広がらないという子どもがいる。そのような子どもたちも，参加意識が高まる効果が期待できる。

　なお，「説明する場面」，「アイデアを出す場面」では，聞き手の際に話し手の考えを否定せずに受け入れることが必要である。このことは，「何を話してもよい」という話し手の安心感につながる。

>>> 資料を読み取る技能を伸ばすスキル

教師が適切な視点を与えているだろうか

★ Point!

①基本項目を形式的に扱わない

②視点を与えたうえで，考えや予想を書き加えさせる

① 基本項目は題に注目させる

　小学校高学年では多くの資料を扱う。グラフ，表，写真，分布図，歴史絵画等，様々な種類の資料を1時間に一定数扱う。それらを読み取る技能を身につけることにより，子どもたちは資料のおもしろさを感じるであろう。逆に，読む取ることができなければ社会科嫌いを増やすことになる。その点では，教師が資料の読み取り技能を具体的に教えることは重要である。

　どの資料においても，読み取る際の基本項目がある。

　・棒グラフや折れ線グラフ

　　→題，出典，年，縦軸・横軸が表しているもの

　・地図や分布図

　　→題，出典，年，凡例

　・写真や絵図

　　→題，出典，見えるもの

　それぞれ授業で扱う際には，「題は何か」，「縦軸は何を表しているか」といった問いで確認するであろう。初歩段階では必須のことである。

留意しなければいけないのは，**これらの活動が形式的になってはいけない
ということである**。題を確認して言わせたからといって，子どもたちが題に
ついて理解したことにはならない。

たとえば「米の消費量と生産量の変化」という題から，何を理解させたら
よいか。最初に子どもたちに意識させたいのは「変化」という部分である。
「変化を読み取る」ということなので，量の増減を読み取ることがわかる。
それも，「消費量」と「生産量」の2つの量の変化である。それぞれの意味
が理解されていない場合には，簡単に確認する必要はあるだろう。

加えて「何を読み取るのか」という視点が必要だ。題から，次のことを読
み取っていくことを教えたい。

・消費量の変化

・生産量の変化

・消費量と生産量の変化の比較

・消費量と生産量の関係

このように，資料読解の初歩段階では資料の題に注目することは，指導の
うえでは重要である。このような指導は回数を重ねていく過程で減らしてい
き，最後には子どもたちが題を見ただけで，読み取りのポイントをつかんで
いることが理想である。

❷ 特徴を読み取らせたい場合には視点を与える

資料には何からの特徴がある。「気づいたことは何か」，「この資料を読み
取りなさい」という発問や指示で子どもたちが特徴に気づけば問題はないの
であるが，読み取りが難しい子どももいるであろう。

その際には，教師が視点をもたせる発問をする。

たとえば，次ページのような「林業で働く人の数の変化」のグラフでは，

全体を読み取ると，1980年から2000年にかけては働く人が激減しているが，2000年以降は増減があまりないことがわかる。それを確認したうえで，このグラフの特徴である3つの年齢層のそれぞれの傾向を読み取る発問をする。

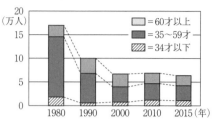

林業で働く人の数の変化（総務省）

・それぞれの年齢層は，どのように変化しているか
・大きく変化した年齢層は，どれか
・あまり変わらない年齢層は，どれか

　このように細分化した発問をすることは，子どもたちに読み取りの視点を与えることになる。その視点は，今後似たグラフが出てきた際に活用することができる。

③ 気づきに考えや予想を加えさせる

　資料の読み取りには，その事実だけではなく，資料の背後にある要因も含まれている。その要因について，読み取りで考えさせる習慣を身につけさせたい。

・読み取ったことについて考えたことは何か。書き加えなさい。
・なぜ，このようになったのだろう。予想を加えなさい。

　このような指示で読み取りを深める。先の例なら「林業は大変な仕事だから働く人も減ったからではないか。」，「外国の木材の輸入が増えて，国産の木材が使われなくなったからではないか。」，「若い年齢層の人が増えている。

何か特別の取り組みをしているのだと思う。」といった意見が出て，学習が深まっていく。「その考えの根拠を教科書や資料集から見つけなさい」と指示すると，子どもたちは夢中になって調べる。

④ 作成者の意図を考えさせる

歴史絵画資料では，「この絵を描いた人が伝えたかったことは何か。」という問いで子どもたちに考えさせたい。たとえば自由民権運動の絵であれば，「自由民権運動を政府のかわりに警官が止めさせようとしているけど，人々は運動を応援していることを伝えたいのではないか。」といった反応が出てくるであろう。この働きかけは，「歴史絵画資料には作成者の意図が反映されている。」ということを教えることにつながる。

ただし，この働きかけは子どもたちが知識を有していることが前提となるので，読み取り活動の最後の場面で行うことが望ましい。

また，**教師自身が歴史絵画資料についての教材研究を行い，その資料の主題を考えておくことが不可欠**である。そうすることで，子どもたちの反応に対して適切な対応ができると考える。

使い方の工夫で授業を変える

> ★ **Point!**
> ①教科書資料は掲載意図に応じて扱いを決める
> ②各資料の活用は実態に応じて自由度を高めていく

① 教科書の資料活用の構想のポイント

　教科書には本文以外に写真やグラフ等，複数の資料が掲載されている。小学校高学年の場合には，見開き2ページに資料が5つも，6つも載っている場合もある。中学年の場合には，副読本が中心になるであろう。

　これらの資料について，まずは「どういう意図でこの資料が掲載されているのか」ということを考えたい。たとえば，次のようなことが考えられる。

・事実をわかりやすく解説している写真資料

・子どもたちに中心的事象を追究させる地図資料

・説明を補足する程度の写真資料

　このような分類の判断基準は教科書本文をもとにするとよい。そのために，資料と本文がどのように対応しているか考えることが大切である。

　次に先の資料の掲載意図に基づいて，資料を活用目的に応じて，たとえば以下のようにネーミングし，それぞれに応じて授業での資料の扱いを決めておく。

> ■解説型……子どもたちに読み取らせるには限界がある。「教師の補助
> 　　　　　　発問＋説明」という形で理解を深める
> ■追究型……「気づいたこと，思ったことは？」と発問し，多くの発言
> 　　　　　　を引き出す
> ■補足型……事実を確認するだけだから，教師の短い説明で終わる

　このような方針があれば，教科書資料をどのように扱えばいいかが授業の中で判断できる。これは単元の構想化の場合も同様である。たとえば，単元の導入段階であれば疑問発見型，調べる段階であれば予想思考型のような資料が考えられる。

② 資料作成および様々な資料活用のポイント

（1）　資料作成では実態に合わせて適切に

　教科書や副読本等に授業で活用できる資料が不足している場合には，資料を作成する必要がある。時には，子どもと一緒に作成することもある。たとえば，３年生で学区探検での「学区の絵地図」づくりや，「買い物調べ」で子どもたちがよく行く店のグラフの作成などは，子どもたちにとっては身近な資料になるだけでなく「自分たちで学習資料をつくることができるんだ」という意欲につながる。

　教師が授業で必要な資料を作成する場合，時として理解することが難しい元データをそのまま提示してしまう場合がある。

　たとえば，公的機関の資料の数字のデータをそのまま提示しても難易度が高い。そのような場合には，子どもたちが読み取りやすいようにグラフ化する必要がある。パンフレットの情報量が多いのであれば，その一部を抜粋して示す方が効果があるだろう。

　このような場合には，当然のことであるが，データは改ざんしないし，出

典も明記する。また，映像を資料とする場合でも，録画したインタビューを示す際には，重要な部分をあらかじめ文章化しておき，視聴させた後に示した方がよい。

このように元データを適切に加工したり，映像の一部をテキスト化したりすることは，子どもの理解を助けることにつながる。

（2） 社会科資料集の活用では自由度を高める

高学年で市販の社会科資料集はビジュアルで情報量も多い。

ただし，その活用度は十分とはいえない。教科書や教師が準備した資料で授業を終えたり，いざ調べ活動で活用しようとしても目的の情報を探すだけで時間がかかったりしている。

そのような社会科資料集の活用度を高める簡単な方法は，まずは活用の自由度を高めることである。導入の場面も，話し合いの場面でも，教師の指示がなくても各自で資料集を活用することを推奨するのである。

そのための前提となるのが，子どもたちが資料集の特色を次のように理解していることである。

・教科書にはない資料が掲載されている

・教科書と似た資料でも説明が異なる

・重要語句の説明が詳しい

このようなことを理解していれば，子どもたちも教科書と社会科資料集を区分けして活用するようになる。あるいは，教科書と資料集の似た資料を比較して活用することも考えられる。

そのためにも，意図的に社会科資料集自体を読む時間を確保したい。ワークテストの終了後に時間が余っている場合などは，資料集で予習するよい機会になる。

（3） その他の資料の活用

　資料集の他に補助的な資料として，社会科事典や統計中心の図書や，特定のテーマについて解説した図書（例「自動車工業」）や学習漫画を授業で活用する場合があるだろう。さらに一人一台端末の活用で，教師から授業で活用できるデジタル資料を一人一人に送ったり，子どもたちがインターネット上の資料を見つけられたりするようになっている。その点では，教科書や社会科資料集以外の資料の幅も広くなりつつある。

　このような資料の場合には，**目的を明確化させて活用させたい**。たとえば，「一つのテーマについて提案を考える」といった場合に，テーマ図書や統計図書を活用するといった具合である。

　そのような情報は図書の目次や索引を見ることが早道だ。使い方も教えずに，自由に調べてごらんと子どもたちに活用の仕方を丸投げすることは避けたい。

6 ≫≫≫ 考えを深める発問をつくるスキル

学習活動の目的を考えた発問を

★ **Point!**
　①学習場面に応じた発問はその目的を考える
　②発問例を収集し実践していくことで，考えを深める発問は生まれる

1 場面に応じた発問の種類を意識する

　発問が教師の授業行為の中核をなすことは言うまでもない。授業のねらいや学習活動が似ていても，発問によって授業の密度は変わってくる。教師も，「ここはこの発問で」と準備をして授業に臨む。その際，学習場面ごとに発問の種類を意識しているだろうか。3年生の「交通事故をふせぐしせつ」の授業から主な発問を抜き出す。

○導入場面の発問（学習対象に誘う発問）
　「（カーブミラーの写真を見せて）これは何だろう。」
　「カーブミラーがあることで，どんなよい点があるのか。」

　導入では，子どもたちの学習意欲を喚起して，その時間の学習対象に引き込むことが重要である。この場合は，子どもたちの生活経験で見たことがあるカーブミラーを例にして，交通事故を防ぐ施設（以下「施設」）に誘っている。

○展開場面１の発問（知識と理解を広げる発問）
「まちにはどのような交通事故を防ぐ施設があるか。」
「どこに施設があるのか。その理由は何か。」

話し合い活動を通して，子どもたちは施設について知識と理解を広げる。これが，次の展開場面で必要となる。

○展開場面２の発問（考えを深める発問）
「もし，このような施設がなかったら，どうなるだろう。」

この発問によって，一つ一つの施設の果たす役割や必要性について，子どもたちは深く話し合う。

このようにそれぞれの学習場面で，発問の種類は変わってくる。ここで大事なのは，それぞれの場面での発問の目的を明確にすることである。

② 考えを深める発問づくり

発問づくりで一番力を入れるのが，先の例でいえば，子どもたちの考えを深める発問づくりであろう。次のような例が考えられる。

（1） 異なった見方・考え方を促す発問
一面的な子どもたちの見方・考え方を変えるには，別の見方・考え方を促す発問が有効である。たとえば，雪の多い地域の自然環境の厳しさや工夫を学んだ後，「雪の多い地域は住みにくいのだろうか。」と別の視点から問う。このような発問づくりのためには教師の教材研究における気づきが前提となる。

（2） 複数の事象を比較する発問

　教材研究で複数の事例を扱う場合には，比較をしてみよう。共通点や相違点，まとめられる点等が見えてくる。そのことをストレートに「共通する点（異なる点）は何か」「どんな…と言えるだろうか」と発問にする。自分が行った教材研究に近い追体験を子どもたちにさせることができる。

（3） 仮想の発問

　「もし〜だったら」という場面設定は未来社会のみならず，現実社会を考察するうえでも有効である。
・もし，このまま森林が減り続けたらどのようなことが起きるだろうか。
・もし，ごみ収集のきまりがなかったら，どんな問題が起きるか。
　「森林の役割の大切さやごみ収集のきまりの必要性に気づかせる」というように，学習のねらいが明確であればすぐに活用できる発問である。

（4） 選択する発問

　「AかBか」，「賛成か反対か」，「どの考えを優先するか」というように，判断を選択する発問は，選んだ立場が明確になるので，子ども同士の話し合いも違いが際立つことが多い。それは，お互いの価値観を表現し合うことになり，それを理解し合うことによって考えが深まることになる。
　そのような発問をつくるためには，教師自身がどちら（どれか）を選択しても納得する理由があるという事例を準備する。そして，それを一人でそれぞれの側面から選択理由を列挙していく。それらがある程度，量的にバランスがとれているのなら発問として成り立つ。

③ 発問例を収集し，有効なものを記録する

　すぐれた発問について追試の実践を行い，振り返りをすることが，発問づくりの上達には必要である。地道な方法であるが，様々な実践例を文献から収集し，まずはその発問の形式を真似る。その中で効果のあったものを記録化し，なぜその発問が有効だったのかを自分なりに考え，メモをしていく。そして，改めて文献を読むことで，筆者が主張している内容が理解しやすくなるのである。

　ただし，形式的に発問を真似ても，うまくいかないことがある。発問が有効に働くためには，前提となる他の要素も多いからである。たとえば，「このことに賛成か，反対か」という発問で話し合いをさせようとしても，子どもたちに知識がなければ説得力のある発言は難しい。「考えを深める発問」の前に，子どもたちに考える前提となる知識を広げる発問が必要になってくる。

　その点では，「考えを深める発問」について，他の発問とどのように組み合わせるかが大切になってくる。

7 >>> 黒板の特長を生かした板書スキル

板書のヒントは黒板の特長にある

★ Point!

①教師が黒板の特長を理解し，生かす

②基本的なスタイルの他に，授業内容に応じたスタイルを準備する

1 黒板の特長とは

授業において，教師と子どもたちは多くの言語活動を行うが，その情報を意図的に記録したり，新たな活動につなげたりすることができる。ＩＣＴ機器が発達した現在でも有効な黒板の特長は次のようなものである。

○視覚化…広いスペースがあるので多くの情報提示ができる。
　　　　　全員が一斉に視聴できる。

○自由化…大きさや色を工夫しながら文字を書くことができる。
　　　　　表や絵図等，表現できる情報の幅が広い。

○保存化…授業の導入から終末までの１時間分の情報が保存できる。
　　　　　子どもたちの考えもコンパクトに保存できる。

○貼付化…あらかじめ準備しておいた資料の貼付・移動ができる。
　　　　　子どもたちに書いてもらった資料もその場で貼付できる。

○個別化…名前を残すことで一人一人の考えを位置づけることができる。

○図式化…図を用いて情報をわかりやすく示すことで理解度が高まる。

○参画化…黒板を子どもたちに解放することで，子どもたちと一緒に板書づくりができる。

社会科授業の板書においても，このような特長を教師自身が理解しておくことで，その特長を生かした板書を行うことができる。

② 黒板の特長を生かした板書スキル

（1） 基本的な板書スタイルを決める

社会科授業における基本的な板書構成をまずは決めておきたい。たとえば，次のような例が考えられる。

・横書きで黒板を３分割（左・中・右）
・時系列に沿って左から右に板書
・左は学習課題・予想・見通し
・中は資料・考え
・右は新たな課題・まとめ

広いスペースに１時間の流れを時系列で左側から記していく。子どもたちも板書の見通しがつくのでノートを取りやすい。

（2） 授業内容で板書スタイルを変える

（1）で示した自分なりの板書スタイルは，あくまでも基本形である。それを変化させるスキルも必要である。

たとえば，その時間の学習課題に対する反応が２つに分かれるものであれば，基本スタイルにこだわらず，中央部に学習課題と関連資料，左に「考えA」，右に「考えB」を板書する。比較すべき点がわかりやすい板書になる。他にも，授業の中心となるキーワードを黒板中央に位置づけ放射線状に他の情報を書いたり，黒板を上下の２段に区切って情報を示したりすることも考えられる。

その点では，「このような流れの授業では，この板書スタイルで」という

35

パターンをいくつかもっておきたい。図式化の持ち駒が多いことは，様々な板書スタイルを可能とする。

（3） 子どもの疑問を位置づける

　子どもたちの発言だけではなく，重要な疑問やつぶやきも個別に板書に位置づけていきたい。「なぜ？」「本当？」といった板書は，学習の方向性を示すだけではなく，子どもたちの発言を促進する役割も果たす。必要によって発言者の名前を記載することも学習意欲の喚起を促す。

（4） 資料の見せ方を工夫する

　資料は黒板に貼り付けるだけではなく様々な工夫が可能だ。マーキングやマスキングで焦点化を図ったり，複数の絵を似たものどうしを移動してグループ化して理解を促したりすることができる。貼付化，自由化のよさである。

（5） 板書の記号の意味も教える

　図式化した板書の場合には「この矢印は時間の経過を表す」というように意味も教えたい。板書内容の理解につながるとともに，無理解のまま板書をノートに写すことを防ぐことにもなる。

（6） 黒板を子どもたちに使わせる

　考えを子どもたち自身に黒板に書かせることは学習への参画意識を高めるために有効である。「学区見学で発見した秘密を紹介する」「消防署についての質問を多く出す」というように，一人一人の発見や考えを一気に情報共有したいという場合には効果的だ。

　その際留意したいのは，見やすい板書のさせ方を子どもたちに具体的に教えることである。チョークの使い方を教え，書かせる場所を指定したい。

③ 板書における留意事項

（1）「見やすさ」を意識する

　板書では先のように様々な技法に目が行きがちだが，子どもたちにとっては「見やすさ」が基本的なポイントとなる。

・読みやすい文字（大きさと濃さ）
・番号や箇条書きが揃っている
・適度な色チョークの利用

　これらのことに留意したうえで，工夫を図りたい。

（2）　ノートとの関連に気を配る

　板書のうち何を写すかは，あらかじめ約束事で決めておく。特に，いつも３分割にしている場合，それと異なる板書スタイルの際には，子どもたちはどのようにノートをとったらよいか迷うことになる。書き方の指示を明確にしておくことが，効率的に授業を進めることにつながる。

（3）　ＩＣＴ活用での情報を黒板に残す

　ＩＣＴを活用して資料や動画を授業で積極的に提示している教師は多いであろう。板書とは異なる情報提示が，ＩＣＴ活用により行われる効果は大きい。ただ，ＩＣＴ活用によって全体に提示される情報はその場限りのことが多い。授業の中で保存性を意識する際には黒板に同じ資料を掲示したり，示した内容を板書で残したりすることが重要である。ＩＣＴ活用のよさと板書のよさを併用するスキルが教師には求められているのである。

8 >>> ノートに授業スタイルを組み込むスキル

ノートは教師の授業スタイルの反映

★ Point!
①授業場面に応じて，どのようなノートスキルを育てるか考える
②スキル活用の意義を子どもたちに考えさせる

① 授業スタイルに応じてノートスキルを育てる

子どもたちのノートには教師の授業スタイルが反映される。

教師が見やすいノートづくりの指導を授業時に心掛けていれば，子どもたちも見やすさを最優先にするであろう。自分の考えを書かせることを授業に頻繁に取り入れる教師なら，子どもたちのノートは自分の考えで埋まっていくであろう。一人一人の個性を重視したノート指導をする教師なら，オリジナリティあふれるノートが見られるであろう。

このように，授業スタイルが反映されたノートから，教師の授業観も見えてくる。

ここで重要なのは，**その授業スタイルが毎回同じではないということである**。単元の導入と追究活動の時間では異なるであろうし，同じ追究活動の時間でも資料をじっくりと読み解く時間が多い授業もあれば，話し合いが中心になる授業もあるはずだ。

それならば，**授業スタイルを組み込んだノート指導をしていくことを考えたい**。その過程で子どもたちのノートスキルを育てるのである。むろん，今までも取り組んでいる基本的なノートの形式は変える必要はない。その中の一部分の変化である。

② 授業スタイルの組み込み例

（1） 資料の読み取りに矢印で考えを加える

　中心資料について時間をかけて読み取らせ，考えられることを話し合う授業では，自分が資料から読み取ったことをノートに書くであろう。

　その際，「読み取り→考え」というように表現することを教える。

　○自動車工場が海のそばにある（読み取り）

　　→船ですぐに送ることができるからではないか（考え）

　このような矢印部分が多いほど，自分の考えが表現されているノートといえる。

（2） 比較する学習では2つに分けて焦点化する

　2つの内容を比較して考える際には，ノートの中央部に線を引き，左右にそれぞれの内容を記していく。箇条書きにすると見やすい。そのうえで，「2つの違う点（共通点）は何か」と考えさせたい時には，色鉛筆等でマーキングさせたり，矢印でつなげたりする。比較する視点が焦点化できる。

（3） 友達の発言の記録を記号を使って整理する

　話し合い活動の時間が多い授業では，友達の発言を聞いている時間の方が長い。ただ聞いているだけではなく，友達の考えも短くノートに書かせたい。

　その際，記号を使ってそれらの考えを整理させる。

　たとえば，○（賛成），？（疑問），！（共感）というようにマークすることで一つ一つの考えが自分にとって意味をもつものになる。

　また，似た考えを線で結んだり，「⇔」といった記号で違う考えを比べたりすることも効果的である。

```
○食料の輸入についての友だちの考え
  ・安全なことが大事　○
  ・安心できないものもある！
  ・人によっては安いのは助かる　○
  ・国産の食料と値段の競争になると困る人もいる　→どういうこと？
```

（4）　短いコメントは吹き出しに

　授業中における子どもたちのちょっとした感想をどんどんと取り上げたい場合，ノートに吹き出しを書かせるとよい。「予想以上に減っていてビックリ」といった短いコメントなら，子どもたちもチャット感覚で書き込みことができる。それらはまとめにおいて，自分の思考の流れを振り返る際の参考記録にもなる。

（5）　まとめの指導で書き方を指示する

　時間を十分に確保して課題に対応したまとめを書かせたいという場合には，以下のように指示することで，内容が焦点化する。

```
・最初に賛成か反対かがわかる文を書きなさい。（立場の明確化）
・「たとえば」を入れて書きます。（例示の挿入）
・最後の文は，「だから」で始めます。（結論で終える）
```

　「たとえば」や「だから」のように使う言葉を指定することで，子どもたちは例示や結論を書かざるをえない。他にも「なぜなら」（理由の明示），「1つ目は」「2つ目」（複数の内容）といった言葉が考えられる。これらの言葉を使うことで，自由にまとめを書かせた時とは違ったまとめの文章になる。

（6）　見学学習では，調べる内容を書き込めるようにしておく

　見学学習では次のようにあらかじめ調べる内容に対する答えを書き込めるようにしておく。書き込みスペースを明確にしておくことで，記録しやすくなる。

・スーパーマーケットで働いている人　→　（　　　　　　　）人

・どのような売り場があるのか　［　　　　　　　　　　　　　　　］

---

③ スキルを活用することの意味づけを行う

　2で示したスキル例は，「このスタイルの授業だから，このスキルを指導しよう」というように，教師が意図しなければ子どもには身につかない。逆に言えば，意図的な指導をすれば子どもたちのスキルは伸びる。

　また，時には，「吹き出しでコメントすることで，どんなよさがあるか」というようにそのスキルのよさを考えさせたい。「自分の思考の足跡がわかる」，「まとめを考える時に便利だと思う」といった答えが返ってくるであろう。そのことにより，子どもたちもスキルを身につけ，活用する意義を感じるのである。

9 >>> 「振り返り」を充実させるためのスキル

次の学習を充実するための布石とする

★Point!
①毎時間の振り返りは授業時に仕掛けをする
②単元の振り返りでは自分の変容に気付かせる

① 振り返りがマンネリ化していないか

　授業や単元の最後に振り返り活動をすることは，1時間や単元の学習の締めくくりを充実させていくために必要なことである。その点では，一定時間を確保することが大切である。

　しかしながら，実際には「今日の授業の感想を書きましょう」，「単元を通じて学んだことは何か」といった問いかけで書かせてしまうことはないだろうか。このような問いかけは幅広く書くことができるので，子どもたちはある程度の分量を書くことができるが，いつも「○○ということがわかってよかったです」といったワンパターンになっている例も見られる。いわば，振り返りがマンネリ化しているのである。

　子どもたち自身の振り返りを深めるためにも，スキルは必要である。自然に身につくものではない。

② 1時間を振り返る観点

　1時間の授業で振り返りに割くことができる時間は，それほど多くはないであろう。2〜3分程度で作業をすることも多い。ゆっくり考えていたらあ

っという間に過ぎてしまう時間である。

　そのために，子どもたちにはあらかじめ，次のように振り返りを書くための観点を示す。

　これらの中から，1つあるいは2つ書くように指示をする。1つだけでもよいとわかれば，振り返りが苦手な子どもでも取り組むことができる。

　ここで重要なのは，振り返りを意識した働きかけをすることである。

　たとえば，考えたことや疑問は振り返りの

> ○振り返りの観点例
> ・わかったこと
> ・考えたこと
> ・疑問に思ったこと
> ・友だちから学んだこと
> ・次に知りたいこと

時間よりも，課題解決の中で生まれやすい。その時々の自分の考えや疑問をノートに記録させておくようにする。吹き出しにメモさせてもよいであろう。友達からの学びなら，学級の多くが共感する発言があった時に，「今の伊藤さんの発言に，みんなうなずいていたね。どこがすばらしいと思いましたか？」と発言を共有化する働きかけをすることで，印象に残るであろう。

　また，観点例を視覚的に示したり，時には「今日は次に知りたいことは全員必ず書くように」と指示したりしてもよい。さまざまな振り返りの観点を身につけることで，子どもたちの学びは深まる。

③ 単元を振り返る観点

　単元の振り返りは1時間の授業と異なり，一定時間を確保して取り組ませたい。前提となるのは，子どもたちの1時間ごとの振り返りを確認したうえで，単元での学びを振り返るようにする。そのためにも，1時間ごとの振り返りの蓄積の意義は大きい。

　単元の振り返りの観点として，3点示す。

（1）　学習対象への考えの変化を表現させる

　単元の学習を通じて，自分が学習対象への関わりをどのように考えたか表現させる。これは，社会に対する自分の考え方を示すことに通じる。

　たとえば，食料生産の学習の振り返りで，次のように書いた。

　地産地消の取り組みの大切さがわかった。自分のふだんの食事の原料は何か知っていくことや，地域の食料に関わるニュースに注目していきたい。

　ここには，今回の学びを通したその子なりの社会との関わりの変化が示されている。

　このように，子どもたちが自分の考えの変化を自覚しやすいのは，**単元の最初の段階と終末段階での違いを比較させること**である。具体的な方法として，「学習の１時間目と今では，どのような違いがあるか。」と問いかけたり，「最初は～と考えていたけど，今は～だ」というような書き方を示したりして，考えの変化を振り返らせてみたい。

（2）　学習活動や学習方法について振り返らせる

　単元での振り返りでは，自分の学び方についても振り返らせたい。学習課題についての調査や話し合い活動，表現活動で**自分に身についた力は何か，考えさせるのである。**

　ここでは単元の学びの過程を通して見ることができる資料が必要である。

　子どもたちがしっかりと記録をしているのであれば，ノートが大いに役立つであろう。１時間ごとのノートを振り返りながら，さまざまな活動を通して，自分が学習のしかたで身につけたことや伸びた点を記させるようにする。

・食料の輸入の話し合いで，最初は食料自給率の低下につながるので輸入に頼ることに反対だった。しかし，話し合い活動を通して，食料を

輸入するよさについてもくわしく知ることができた。違った視点で一
度は考えなければいけないことを学んだ。
・「これからの食料生産のために」のプレゼンで，問いかけを入れなが
ら話すとよいことを学んだ。三班は問いかけのやりとりから聞き手が
変わった様子が見えた。

　単元を通して，その学習のしかたを振り返ることは，単元で身についた力
を考えることになり，本人の自信となる。

（3）　次の単元の学習で生かす

　「自分と対象との関わり」と，「自分の学び方の深まり」について自覚する
ことは，次の学習を充実させるための布石にもなる。先に示した例は農業学
習での例なので，次の単元である工業の学習でも，これらの観点を生かすよ
うにする。子どもたちから既習の見方・考え方を引き出すように，教師も働
きかけたい。

④ 不足や課題も振り返らせる

　振り返りで教師が留意しなければいけないのは，**プラスの面だけに終始し
ない**ことである。
　学習問題で十分に解決が図られなかったことや学習技能で自分が不足して
いると感じたこと，新たに出てきた課題があった場合には，それらも記して
おくようにする。そのようなことに気づくことも学びの一つであることも伝
え，発表でも意図的にとりあげたい。

10 ⟫⟫⟫ 子どもたちが教科書を活用する方法を教えるスキル

教科書は学習ナビゲート役も果たしている

★ **Point!**

①教科書の見方と使い方を学ぶ時間をつくる

②「学び方」の例を繰り返し使う働きかけをする

①教科書の2つの役割

　小学校社会科教科書の見開き2ページには，多くの情報が詰まっている。

　基本的には見開き2ページに，写真・グラフ・絵等の資料と本文が示されている。これらは主として学習内容に関わる情報である。

　その他に，学習課題，キャラクターのつぶやき，子どもの発言，学びの手引き，ノートの見本等がある。これらは，子どもたちにとって学習を進めるための情報である。

　このことから，**教科書は学習内容だけではなく，学習をナビゲートする役割も果たしている**ことがわかる。ここでは，この2つの面から，子どもたちが教科書を活用するための具体的な方法を示していく。

②教科書を活用する具体的な方法

（1）　教科書の見方を学ぶ時間を設ける

　新しい学年になると，子どもたちは新しい教科書を手にして，興味深く中身を見てみる。教科開きでは，「教科書の見方を学ぶ」時間を設けたい。以下は3年生の例である。

教師：新しい社会科の教科書です。これから学習する教科書の６ページには何が書かれていますか。

児童：写真がたくさんある。一つ一つにア，イと記号も書かれている。

児童：学習の説明が書かれている。

児童：子どもたちのつぶやきも書かれている。

児童：「この時間の問い」があるけど，これは学習問題のことだと思う。

教師：他のページも見てみましょう。

児童：地図が書かれている。

児童：学習計画や調べ方もある。

児童：「地区センターの田中さんの話」がある。インタビューかな？

教師：どんなことを思いましたか？

児童：写真と説明だけではなく，多くのことが書かれていると思った。

児童：子どもの発言がヒントになっているのかな？

　このようなやりとりをすることで，子どもたちの教科書の見方は広がる。「子どもたちの発言」は考えるためのヒントになっていることや，調べ方なども示されていることを教えていく。

　授業開きだけではなく，教科書の見方は特徴的なものが出てきた時に子どもたちに教えるようにしたい。特に学び方の説明は丁寧に扱っていくようにする。

（２）　高学年では全体構成と小見出しに注目させる

　高学年になると，見開き２ページの基本構成は，上部に各種資料，左ページに学習問題，中央部分に本文という形が多い。その他，適宜，用語の説明や学び方のてびき等が組み入れられている。まずは，このような全体構成に目が注ぐようにする。

　その際，資料のタイトル名に注目させたい。一通りタイトルに目を通して

おくことにより，調べ学習の際に子どもたちはどの情報を選べばよいか判断しやすくなる。

（3） 本文と資料を関連づける習慣を

　教科書の本文と資料を関連づけて読んでいくと，資料の多くは，本文の内容を反映させたものになっていることがわかる。逆に，資料を分析していくと本文でまとめていることになる。一つの社会事象を本文と資料の両面から表現していることが多いのである。

　そこで，子どもたちに本文と資料を関連づけて見る習慣をつけさせるために，次のような発問を行う。

・資料から言えることは本文のどこに書かれているか。
・本文に書かれていることがわかる資料はどれか。その資料のどの部分からわかるか。

　このような発問をして，資料と本文との関連づけを意識化させる。その際，教科書の資料と本文を矢印で結び付けたり，「（棒グラフの）ここが『台風が多い』証拠」といったメモを書き加えたりすることで，資料と本文との関連性が視覚的にわかるようになる。

（4） 学び方のコーナーや目次を用いて繰り返し使う

　教科書には学び方に関わるコーナーがある。情報収集や資料の読み取り，表現活動等に関わる学習方法について，教科書内容に基づいて具体例に書かれている。教師にとっては，指導の一助となる記載が多く，たとえば「折れ線グラフの変化」の読み取りでは，読み取り方だけではなく，その理由の調べ方や今後の予想の方法まで示されている。

　ここで大切なのは，これらの学び方を子どもたちが自主的に繰り返し使うことである。教科書の目次には，学び方についての一覧と該当ページが示さ

れている。ここの部分は，「学び方のガイドブック」と言える。「地球儀の使い方はどこに書いていたかな？目次を見ると早いね」といった働きかけをしながら，目次のよさについても触れていくようにする。

（5） 表現活動の例を生かす

学び方については，単元の終わりに表現活動の例が書かれていることが多い。ノートづくりや図や表といった基本的なものだけではなく，リーフレットづくり，関係図，プレゼンテーションと幅広い活動例が示されている。それらは単元の内容に即して書かれたものなので，単元の終了時に取り組ませることで効果が見られるのは確かである。

ただし，その単元までその表現活動例が使うことができないというわけではない。教師は，どのような表現活動例が学年の教科書に掲載されているか，一通り見ておきたい。また，子どもたちにも進度に関係なく，教科書に出ている例は活用できることを伝えておきたい。

③ 教師の教科書活用の質が子どもたちに反映する

子どもたちが教科書を活用するための方法を指導するためには，**教師自身に教科書を活用するスキルがあることが前提**である。

先に示した(1)～(5)の方法は，教師自身ができていて当然の内容である。それに加えて，資料作成者の意図（その資料で何を読み取らせたいのか）や本文の内容の詳細な分析，教科書から子どもたちの多様な思考をどのように引き出すかといったことを，教材研究段階の教科書分析として行いたい。その質が子どもたちの教科書活用の深さに反映されるのである。

11 >>> クイズ・ゲームを効果的に取り入れるスキル

導入で盛り上げるためだけなら
もったいない

★ Point!
①繰り返しできるパターンを教師が知る
②子どもたちだけで取り組めるものを提示する

① 組み入れたいが続かないという問題

　クイズやゲームの楽しさは，実践してみれば実感できる。

　たとえば，地図帳を使って「『島』が入っている都道府県名は？」というようなクイズに対しては，子どもたちは知識がなくても一生懸命に都道府県の地図から答えを見つけ出そうとする。

　「（洗濯板を示して）これは昔の生活道具です。何に使うものでしょう？次の①～③のうちから選びましょう。」と選択肢を設けるだけで，子どもたちは楽しく授業に参加できる。

　しかしながら，そのようなクイズやゲームも毎回できるわけではなく，単発で終わってしまう場合も多い。その理由として，学習内容がその一度限りだからということが考えられる。先のクイズも，子どもたちが答えを知ったら，興味・関心は一度目ほどは高まらないことが予想される。

　そこで必要になってくるのは，「**繰り返し行うことができるクイズ・ゲーム**」という視点である。

　一度のみならず何度も繰り返し行う意義があるクイズやゲームであれば，授業にも取り入れやすくなる。さらに，「**教師だけがクイズ・ゲームを行うだけではなく，子どもたち自身がクイズ化・ゲーム化に参画する**」という視

点も大切にしたい。子どもたちに一つのスキルを身につけさせることにつながる。

② 繰り返しできるクイズ・ゲーム例

（1） 知識が定着するクイズ・ゲーム

都道府県名や地図記号，歴史人物等，一定の知識を子どもたちが身につけることは社会科では欠かせない。このような場合には，小学生向けのデジタル教材をぜひ活用したい。

子どもたちが使う一人一台端末にドリルがある場合には，積極的に使いたい。また，教科書会社のホームページには，たとえば「地図クイズ」が掲載されている。子どもたちが個人の端末で自分が習得したい知識を得られるしくみになっている。

※帝国書院「地図クイズ」（2023年8月現在）

https://ict.teikokushoin.co.jp/02esmap_qr/quiz/index.html

（2） 学習内容を授業で定着させるために

教師がクイズ・ゲームのパターンを次のようにいくつか知っておくことで，1時間の中に短時間で組み入れることができる。

・○×クイズ （本時の学習内容を○か×かで問う）

・二者択一，三者択一，四者択一 （選択したものを理由づけさせる）

・間違いの指摘 （いくつか例から間違いを指摘させる）

・穴埋め （重要語句を穴埋めで考えさせる）

これらのパターンを教師が身につけておけば，どのような内容でもその場でクイズ・ゲーム化が可能である。

また，これらの内容を組み合わせることもできる。たとえば，グラフの読

み取りで４つの例を示し，「この中で読み取りとして間違っているものはどれか。その理由は何か。」と問うこともできるのである。

（3） 興味・関心を高めるために

「学校の近くで火事が起きた時，消防車は何分ぐらいで来るだろうか。」

「大名行列の図です。何のためにこのような長い行列を作って歩いているのだろうか。次の３つから選びなさい。」

子どもたちの興味・関心を高めるために，このように「数を問うクイズ」や「選択肢から選ぶクイズ」をする場合がある。特に導入で行われることが多い。

このようなクイズの場合には，その後の学習に関わりのある気づきを子どもたちにもたせることが大事である。たとえば，「消防車が５分で来る」ということであれば，子どもたちは「早い！」と実感できるであろう。そしてその秘密は何なのか知りたいと考える。興味・関心を高めるだけではなく，本時のねらいに迫る導入クイズになる。

③ 子どもたち自身がクイズ化・ゲーム化に取り組む活動例

子どもたちの力だけでゲームを行うものの中でお勧めとして「都道府県３クエスチョンゲーム」がある。ペアやグループで地図帳を用いて，一人の子が考えた答えの都道府県を，３つの質問で当てるゲームである。

○グループで行う「都道府県３クエスチョンゲーム」

Ａ：（答えの都道府県を決めたら）質問をどうぞ。

Ｂ：それは何地方にありますか？

Ａ：東北地方です。

Ｃ：（東北地方の県を確認してから）日本海と太平洋，どちらに面していますか？

A：太平洋です。

D：（太平洋側の県を確認してから）有名なものは何ですか？

A：わんこそばです。答えは？

BCD：（相談してから）岩手県！

　このゲームは一度その方法を教えることで，子どもたちだけでゲームを行うことができる。しかも，ゲームを繰り返す中で，いつの間にか都道府県名だけではなく，その特徴も考えることができる。

　このように，教師が特に説明しなくても子どもたちが自主的に取り組めるゲーム的あるいはクイズ的な活動例を教師が知っておくことは，子どもたちの活動に幅をもたせることになる。

　たとえば，1時間の内容を「歴史人物・ヒーローインタビュー」として，子どもがインタビュアーになる形でその人物の業績をまとめたり，「○○について提案しよう」という課題について「アイデアコンテスト」という形でグループNo.1を決めて発表したりする活動も，授業の中に自然に溶け込ませることができる。

　子どもたちだけで取り組むことができる楽しい活動例を教師がどれだけ知っているかということは大切なのである。

12 >>> 子どもたちが学習用語を身につけるスキル

「覚える」より「身につける」ことが大切

★ **Point!**

① 「知る」「わかる」「使う」の機会を増やすことで身につく

② 時には覚え方を教えることが必要である

① 学習用語の扱い

　教科書には「キーワード」や「ことば」という形で，その時間の学習用語が示されている。たとえば，3年生の最初の単元には，「方位」「交通」「公共しせつ」など，学習していく際に必要な用語が示されている。6年生の江戸時代の内容では，「参勤交代」「鎖国」「歌舞伎」といった基本的な知識に関わる用語も示されている。ここでは，どちらも「学習用語」として扱っていく。

　このような学習用語について，教師はその時間の重要語句として扱い，子どもたちに覚えさせようとするであろう。

　しかし，その時間に学習をしても，なかなか定着しない学習用語もあると思われる。教師が「これを○○と言います」と説明をして終わるような授業では，特にそうであろう。

　学習用語の定着のためには，**さまざまな活動によって子どもたち自身が学習用語を身につけるようにすることが大切**であると考える。教師はそのためのスキルを子どもたちに育てる必要がある。

② 学習用語を身につける取り組み

（1）「知る」機会をつくる

　最初に，授業で扱う学習用語を，教師自身が「大切な用語」として扱うことが大切である。

　・学習課題にキーワードとして取り上げる

　・調べたり，話し合ったりする過程で扱う

　・板書時に色チョークで示す

　・まとめの文を書く際に，その用語を入れて書くように指示する

　1時間の学習の中で，上記のように何度か扱う機会があるはずだ。その際に子どもたちが，その用語を見たり，聞いたり，実際に書いたりして何度も接するようにする。このように「知る」機会が多いほど，学習用語はなじみやすいものになる。

（2）「わかる」ために，時間をかける

　教科書に出ている学習用語で，子どもたちが聞いたことはあるが，あいまいな理解にとどまっているものが出てくる場合がある。

　たとえば，3年生では，1つの単元に多く出てくる用語として「ようす」，「くふう」，「うつりかわり」などがある。学習課題にも使われる，子どもたちも発表やまとめにも使う用語である。

　このような場合には，**最初に扱う際に簡単な例示をする**。たとえばスーパーマーケットを対象として，「くふう」を使うのであれば，安売りをしている野菜の写真を示して，気づいたことや思ったことを話し合わせる。

　・見たことがある

　・多くの人が品物を手にしていた

・ちらしの広告に，よく安売りの情報が出ている

・買う人は得をするけど，スーパーマーケットは得をしないのでは？

・スーパーマーケットにも多くの人が来て，品物を買うから得をすると思う

　このような話し合いのあとに，「このように，スーパーマーケットで多くのお客さんに来てもらうために，たとえば大安売りをすることを『くふう』と言います。」と例示を定義づけることによって，子どもたちも理解する。定義づけの例を示さずに，「どのようなくふうをしていますか？」と最初に発問をしても，子どもによっては「くふう」の意味がわからない場合があるので，注意したい。

　また，このような学習用語が出てきた時には「授業中に質問する」ことを教えたい。教師や友だちに対して，「質問！今，言った『原料』って何ですか。」と発言する機会を保障するのである。このことは，学習用語にこだわる子どもたちを育てる第一歩になる。

　その際，質問を受けた子どもに説明をしてもらうことが基本だが，他の子に続けて説明させるのもよい。そして，「今の○○くんの質問で，学習が深まったね。」と他の子にとっても有益であることを実感させたい。

（3）　理解を深めるためにすぐに調べる習慣をつける

　社会科においても不明な学習用語が出てきた場合，国語辞典や端末ですぐに調べさせることによって子どもたちの理解は深まる。

　その際重要なことは，**教師の指示なしでも自主的に調べることにしておく習慣を身につけさせること**である。子どもによって調べたい用語は異なる場合が多い。その際に，一人一人が自主的に調べられる環境を用意することは教師の大切な役目である。

（4）　日常的に「使う」ことで定着を図る

　学習用語も日常的に使わなければ，なかなか身についた状態にはならない。

　たとえば，3年生で東西南北の四方位を学習する。その後，八方位も学習

するが，「岩手県は宮城県の上にある」というように方位を授業中に使わずに発言する子どもは少なくない。このような場合には「『上に』を社会科の言葉で言えば？」と問い返させたりすると，「『北』だった」と子どもたちの意識も高まる。

　また，「この教室では北はどこか？」「自分の席から見て，南側の人は誰か」といったクイズのような問いかけを意図的にすることも効果がある。

③ 覚え方を教える

　学習用語がわかり，使う活動を行っても中には「覚えられない」という子もいる。無理やり暗記させることは社会科嫌いを生むが，覚え方自体を教えることは，苦手な子どもたちにとって有益である。

　たとえば，**教科書に積極的に印をつけること**を授業で行いたい。授業中に扱う用語を丸で囲んだり，重要な内容をアンダーラインで引いたりする。歴史であれば，人物名はラインマーカーで目立つようにする。

　このように学習用語がパッと見やすい状態にしておくことで，単元のまとめや復習で教科書を再度読む時にポイントが頭に入ってくる。

　授業のたびに**「今日の用語」**という形でノートの空きスペースに目立つように書いておくことも，学習用語を意識するという点では効果がある。教師も板書時に色チョークで明示すると子どもたちも書きやすい。

　このような方法は，家庭学習にも応用ができ，その効果が期待できる。

今日の用語
・精密機械
・省エネルギー
・炭素せんい

13 >>> 見学活動を充実させるスキル

事前と事後の指導の充実がポイント

★ Point!
①見学内容について課題意識を事前にもたせることが第一
②見学学習で伸ばすスキルを明確にして，自己評価をさせる

1 見学活動の意義

社会科学習における見学活動には，次のような意義がある。

- ・本物を直接見たり調べたりすることで学習への関心が高まる
- ・学習対象者から話を聞いたり，質問したりすることで理解が深まる
- ・新たな追究活動への意欲が高まる

教室の中での学習ではなく，直接社会に出て対象物を見学する学習は子どもたちの印象に深く刻まれるであろう。子どもたちも日常の授業より，学習意欲が高いのは確かである。

しかし，事前学習が不十分で当日の理解が浅いものになったり，見学・調査活動自体がイベント化して，その後の学習がその内容をまとめて終わりにしたりするのであれば，充実した見学とはいえないであろう。ただ，単に「見学しておもしろかった」ではなく，「とても学びの多い見学だった」という声を聞きたい。

②　事前の指導を充実させるスキル

それではどのような見学学習を進めたらよいのか。まずは事前の指導が大きなポイントとなる。ここでは，３年生の地域の販売でのスーパーマーケットの見学を例にとる。

（1）　課題解決と意識をもたせる

事前学習で大切なことは，子どもたちが「スーパーマーケットで知らないことを解決したい」という目的意識をもつことである。

たとえば，事前に「スーパーマーケットに多くのお客さんが来るひみつは何か？」と投げかけ，「ねだん」，「品ぞろえ」，「べんりさ」，「働いている人」というように視点を話し合う。その中で，「品ぞろえは同じ品物を並べているだけではないのか？」，「お客さんは本当にべんりだと思っているのだろうか？」というように教師からゆさぶりをかける。

子どもたちはいくつかの予想を立てる。この過程で，「どれが本当かな。調べてみたい」という見学への意識が高まる。

（2）　見学学習でできることを伝える

一斉活動かグループ活動かという視点で見ていくと，見学学習ではたとえば次のようなパターンが考えられる。

Ａ：担当者に引率されて一斉に説明を聞き，見学するパターン

Ｂ：一斉に活動はするが，質問の時間が確保されているパターン

Ｃ：一斉の活動のあと，グループでの自主活動が行われるパターン

Ｄ：グループでの自主活動がメインのパターン

ＡとＢのように一斉に見学することが中心のパターンでは，理解すること

を目的とした場合には効率的である。また，見学先の事情によってはこのパターンしか選択できないということもあるだろう。

　CとDのように，子どもたちが自主的に見学活動をすることが可能ならば，指導の幅が広がる。その際必要なことは，子どもたちにできることを伝えておくことである。たとえば，「この場所だったら撮影をしてもよい」，「お客さんの許可が得られたら，インタビューできる」といったことである。この点は，教師が事前の打ち合わせで確認しておくようにしたい。

　子どもたちの見学活動がグループ別のものになれば，得られる情報も変わってくる。それは，見学後の情報交流が豊かになるということである。

（3）　主体的な見学活動のリハーサルでスキルを伸ばす

　（2）の活動例でインタビュー活動をすることになったら，それはインタビュースキルを伸ばすよき機会である。インタビューの際に必要なことを以下のように話し合わせたい。

・教科書をもとに，インタビューに必要な役割分担をする

・どのような質問を，何人にするか決める（時間を考慮する）

・必要なマナー（あいさつと許可を得ること）と準備物の確認をする

　一通り話し終えたらリハーサルをしてみる。その際，決めなければいけないことが出てきた場合には再び話し合うようにする。

　一斉見学と説明がメインの場合には，説明を聞いてメモをするスキルや図に表現するスキルを伸ばすことができる。どのような形態の見学活動でも，子どもたちの伸ばすべきスキルがある。

③ 事中・事後の指導を充実させるスキル

（1） 子どもたちを信頼して経験を積み重ねるようにする

　充実した事前学習を前提として，実際の見学活動では子どもたちを信頼して，活動に取り組ませたい。予想を確かめたり，疑問を解決したりする場であるから，その点を意識させる声がけを行うようにする。

　主体的な活動をする際には，思い通りにならないことも予想される。たとえば，お客さんにインタビューすることが結構難しいことがある。それはそれで一つの貴重な経験である。これらに加えて，見学活動が新たな発見や問いを生む場でもあることを意識させる。その場で生まれた発見や問いについて記録したり，質問したりするように指導をしたい。

（2） スキルの伸びを自己評価させる

　先に示したように見学学習では，何かしらのスキルを伸ばすことも目的の一つである。事後学習では，内容の振り返りの他に，見学学習に関わるスキルの振り返りをするようにする。たとえば，インタビュースキルで身についた点や課題点を自己評価するだけでも，子どもたちは自分の成長を自覚することになる。

④ 教師の調整力の必要性

　ここで述べた見学・調査活動にするためには，教師の調整力が必要である。教師自身の該当施設の事前調査はもちろん，担当者に授業の意図を説明し理解を得ることは不可欠である。また，先のようにグループ活動で引率人数が不足で困難ということであれば，保護者のボランティアを募るのも一つのアイデアである。その点では，見学・調査活動において，教師の調整する力が試されていると言える。

14 ≫≫≫ ゲストティーチャーから学びを深めるスキル

招くことが目的になってはいけない

★ **Point!**

①教師には「コーディネートする」という意識が必要

②子どもたちの学びを深める授業構成をする

① ゲストティーチャーをコーディネートし役割を明確にする

社会科の授業で専門家から直接学ぶ効果は大きい。専門家ならではの知識だけではなく，見方や考え方を聞くことは，子どもたちの社会観を深めることにつながる。

ただ，社会科授業にゲストティーチャー（以下，ゲスト）を招いたものの，以下のようにうまくいかなかったという話も聞く。

・授業時間全てが講演形式で，子どもたちは聞くだけだった

・難しい内容で，スライドも大人向けのものだった

・実物のクイズの部分は盛り上がったが，かんじんの授業のねらいに関わるところは時間不足だった

これらは「ゲストをどのようにコーディネートするか」という意識が教師に不足していたのではないかと考えられる。

子どもたちの学びのためにどのような授業構成にするか考え，その中でのゲストの役割を明確にする。ゲストを依頼し，招くことだけが目的になってはいけない。

②　学びを深めるためのポイント

（1）　ゲストから学ぶ必然性をつくる

　まずは，事前の授業で「ゲストから直接学びたい」という学習の必然性を
つくるようにすることが大切である。

　そのためには，**あらかじめ単元の学習の中にゲストをさりげなく「登場」
させておく**。たとえば，3年生の学習でりんご農家を招くのであれば，「り
んご農家の佐藤さん」という形で，写真や動画を活用しながら，子どもたち
が親しみをもつようにする。

　そして，「佐藤さんはどのような苦労をしながらりんごを作っているのだ
ろうか」といった直接聞かないとわからない質問を子どもたちが準備するよ
うな授業を前時までに行う。

（2）　打ち合わせで学びを深める授業構成を考える

　事前の打ち合わせでは「基本的な内容」と「授業構成」を明確にすること
が大切である。

　○基本的な内容

　　・ゲストとして招く目的

　　・依頼内容

　　・当日の授業の流れ

　　・（必要に応じて）単元の計画と本時の位置づけ

　　・（必要に応じて）単元で育てたい力

　授業構成については，ゲストと共に考えたい。次のように，いくつかのパ
ターンが考えられるが，まずはいくつか選択肢があることを教師が知ってお
くことが大切である。

○授業構成例

パターン	構成例
・ゲストの話をメインにする	・授業の大半をゲストの話にして，子どもたちの質問や感想を最後にとる
・子どもたちの質問をメインにする	・ゲストの話を10分程度 ・残り時間を子どもたちの質問にあてる
・ゲストと教師が対談をする	・教師がゲストにねらいに即した質問を対談形式で行い，残りを質問にあてる
・必要な時にゲストが登場する	・通常の授業と同様に行い，何度かゲストが登場する場面を設定する
・複数のゲストがグループに入る	・最初からグループ別にゲストを招き，学びを深める

　どのような授業構成にするかは，授業のねらいによる。たとえば，ゲストの話がメインであれば，専門家からの情報をどのように整理するかという点を事前に指導をする。質問がメインにするのであれば，子どもたちの質問力を育てるチャンスとしたい。

（3）　質問スキルを育てる

　どのようなパターンであれ，主体的な学びの一方法としてゲストに質問をすることは有効である。そのためには，事前に子どもたちの問題意識を高め，いくつもの問いを一人一人にもたせておく必要がある。それだけではなく，事前に各自の問いを整理・分類しておく時間も確保する。たとえば，先のりんご農家の場合，「りんご畑について」「働いているときのこと」「おいしくするための工夫」というように質問を分類する。その分類過程が，学びの観点となる。

　実際の授業では，ゲストからの話の中で，子どもたちの質問が解決する場合がある。そのうえで，さらに内容を深める質問ができるようにしておきた

い。「たとえばどういうことですか？」,「お話を聞いて疑問に思ったのですが…」といった追加質問の方法を具体的に教えることで，子どもたちの質問力も高まる。

なお，ゲストが「事前に子どもたちの質問を教えてください。」,「この資料を使ってほしい。」という要望が出る場合には，可能な限り応えるようにする。ゲスト自身が授業に積極的に関わる姿勢をもつようにするのも教師のコーディネート力の一つである。

（4）　オンライン活用によるゲストの登場

オンラインの活用によって，学校から離れた場所にいるゲストでも，リアルタイムで教室の子どもたちと交流をすることができる。たとえばりんごの生育状況を画面越しに教えてもらうといった新しい学びも可能である。

（5）　ゲストへの御礼を表現スキルを伸ばす機会にする

授業後に深まった学びについては何らかの形でゲストに伝えるようにしたい。たとえば，お礼の手紙を出すということであれば，一度自分たちの学びを十分に振り返ったうえで，その内容を具体的に書かせたい。単元のまとめで発表する活動があれば，その時にゲストを再び招いたり，オンラインで伝えたりすることも考えられる。

このような機会は，子どもたちの表現スキルを伸ばすよき機会となる。

【参考文献】
1）上條晴夫編著『ゲストティーチャーと創る授業』学事出版，2002年

15 >>> 地図帳の使用率を高めるスキル

教師によって使用率が異なるのが地図帳

★ **Point!**

①社会科教科書との併用で使用する機会を増やす

②社会科以外にも地図帳と親しむ機会を意図的につくる

① 地図帳をすぐに使用できる準備が基本

　地図帳の使用率は教師によって大幅に異なる。ある学級は頻繁に使っているので，3・4年生でも使い込んだ痕跡が残っているが，5・6年生でも「新しいまま」という場合もある。

　いくつか理由が考えられるが，たとえば「教科書にも簡単な地図が掲載されている」，「地名を探したり，他の情報が掲載されたりしているので時間が費やされてしまう」ということ考えられる。

　確かに教師側の都合を考えたら，その時間は無用かもしれない。しかし，そのようなことが続けば，「地図帳は教師が指示した時に使えばよい」という意識に子どもたちはなっていくであろう。意図的に使う機会を設けて，子どもたちに自主的に使わせてこそ，地図帳の使用率は高まる。まずは，そのような意識を教師自身がもちたい。

　さらに，社会科の授業はもちろん，それ以外の教科や領域で使用する場合でも手元に地図帳がなければ活用のしようがない。教室訪問で教室に入った際に，後ろの共用の本棚に児童数分の地図帳がまとめて置かれている場合があるが，これだと「地図帳は自主的に使っていない」ということを宣言しているようなものである。子どもたちが自主的に調べるためにも，一人一人が

社会科以外でも地図帳をすぐに取り出せるようにしておく。それが基本的な準備である。

② 地図帳使用率向上のためのスキル

（1） 地図帳を知る

まずは地図帳を知ることから始める。社会科で地図帳を扱う際に，次のような指導を一定の時間を使って行う。

Ａ：地図帳には何が示されているか

　→地図に違いないが，その地図も日本地図なら，地方ごとに分かれていたり，「日本の首都・東京」のように特定地域を表していたりするものもある。（世界地図も同様）

Ｂ：地図の他にどのようなことが示されているか

　→地図記号や地図帳の使い方，学習資料，統計資料などがある。（何年生の学習内容か教える。）

Ｃ：都道府県を覚えるにはどの日本地図を使うとよさそうか

　→「都道府県の区分」のページが，都道府県名，都道府県庁名，地方名の情報が主であり，わかりやすい。

Ｄ：私たちの住む「〇〇県」の情報は，どのページがくわしいか

　→県について調べる際に一番詳しいページを確認する。

ＡとＢは，地図帳でも様々な地図があること，地図以外の情報や使い方の情報もあることを教えるためのものである。ＣとＤは，よく使うページを教えるものである。このように地図帳を一度知る時間を設定することで子どもたちは，地図帳には多くの情報があることを知る。

（2）　教科書内容とセットにして使う

　教科書内容で地図と関わりのある内容は，地図帳を使うようにする。地図帳を使い始める3年生の教科書でも，右のような学習で地図帳を併用できる。このように，どの学習で地図帳を使うことができるか教師があらかじめリストアップしておく。4年生以上ではさらに使う機会が多くなる。

> ・方位
> ・地図記号
> ・絵地図作成
> ・市の様子
> ・食品の産地
> ・各地の地名

（3）　履歴をつけることで，使用頻度を実感させる

　教科書に地名が出てきた際には，地図帳で確認し，丸で囲んで履歴を残すようにする。再度地名を探して，丸がついていた場合には，「ここは1度前に調べたところだ」と意識することができる。履歴が多いほど地図帳を使った回数が可視化されることになる。

　地名を調べる際には，索引を使うことになる。最初は時間がかかるが，慣れてくると経験回数に比例して早く引くことができるようになる。地名が出てきたら「索引スキルを育てる」という意識で取り組ませたい。

　また，歴史の内容でも，たとえば奈良市には「平城京」「東大寺」のように関連事項がわかりやすいデザインで記載されている。歴史学習でも地図帳を使用して，歴史の舞台の場所をおさえるようにしたい。

（4）　地図資料・統計資料を読み取らせる

　地図帳には学習内容に基づいた地図資料や統計資料が掲載されている。特に，47都道府県別の統計資料（面積，人口，産業別生産額，伝統工芸品等）は，見開き2ページに数字と文字のみの資料が記載されている。

　教科書には見られない豊富なデータ量の一覧表は，資料の読解力を育てるために貴重である。関連する内容で取り上げるようにしたい。

　たとえば，4年生で「県内の特色ある地域の様子」の学習や，5年生の国土や産業学習では，具体的な数値でその特色を実感することができる。

③ 地図帳にさらに親しむ

　子どもたちが地図帳により親しむために，社会科で使用する回数を増やすだけではなく，他教科や他領域でも利用する機会を意図的につくるようにする。たとえば次のようなことが考えられる。

・他教科で地名が出てきた時に調べる
　→総合的な学習の時間や国語で使う機会がある
・地図帳を使ったゲームやクイズの方法を教え，子ども同士で楽しむ
　→地名探し，都道府県３ヒントクイズなどは子どもだけでできる
・ニュース調べや旅行先での使用等，家庭での使用を勧める
　→この時にも履歴を残すようにする

　このように，「地図帳は便利で使いやすい。社会科の学習だけではなく，さまざまな場面で使うことができるんだ」と子どもたちが感じることで，自主的な使用が期待できる。

16 ⋙ 一味違う授業にするための教材研究のスキル

教材研究の成果を生かすために

★ **Point!**
① まずは教師自身が学習するという姿勢で教材研究をする
② 授業で教材研究の成果を生かす視点を身につける

①教師が「学習する」教材研究

　教材研究では，学習指導要領や教科書の内容を読み取ったり，教科書の教師用指導書や学習資料集を参考にしたりしている教師が多いと思われる。そこでは「どのようにして子どもたちに教えたらよいか」ということを考えながら，取り組んでいることだろう。

　その前に，学習対象となる「素材」を研究してみよう。それも，教え方を抜きにして，対象そのものを研究してみる。たとえば，4年生の「県内の特色ある地域の様子」で，有名な伝統工芸品に代表される地場産業を取り上げることにした。その地場産業について，次のような自分なりの疑問をもって調べてみるのである。

・地場産業が盛んになった理由は何か。
・作り手の技術はすばらしい。その技術を身につけるまでどのような努力をしたのか。今の苦労は何か。
・伝統工芸品を広めるために，今はどのような取り組みをしているのか。

　このような疑問は，副読本や子ども用資料に書かれていることもあるが，

簡単な内容にとどまっていることがほとんどである。そこで，教師自身が関連する文献やWebページを調べたり，時には直接取材や電話取材をしたりして自分の疑問の解決を図るのである。いわば，**教師自身が対象素材について子どものように学習する**のである。

　このような素材研究のよさは，対象素材について深く理解できるだけではない。子どもたちに対象素材を教える価値を把握できること，授業で活用できる実物や資料を入手できること，自分が辿った疑問の解決の過程が授業で生かされることなどがあげられる。対象素材を教師自らが学習する意義は大きいのである。

② 学習指導要領で「できること」を確認する

　対象とする素材研究が終わったら，次は教える内容を明確化することである。そのために，まずは学習指導要領（小学校の解説社会編）を読んでみる。教える内容といえばまずは教科書を見るという教師は多いだろうが，教科書は学習指導要領をもとに作成されており，おおもとを辿ることで単元の構成も理解することができる。

　ここで，大切なことは**学習指導要領と教科書を照らし合わせてみる**ことである。基本的には学習指導要領の内容が教科書に一通り記載されていることがわかる。しかし，詳しく読み込んでいくと，教科書に取り上げていない事例が学習指導要領に書かれている場合もある。たとえば，3年生の「市の様子の移り変わり」の内容では教科書に炊事や洗濯の道具の移り変わりの例が出ている。小学校学習指導要領解説社会編には，「明かりや暖をとる道具」も例示されている。つまり，明かりや暖をとる道具の教材化も可能なのである。

　このように学習指導要領を読むことは，教材化で「できること」を増やすことつながる。似たこととして，使用している教科書と他社の教科書を比較することで，取り上げている事例の違いに気づく場合もある。それらは教材化のヒントとなるのである。

③ 子どもたちの実態に合わせた資料を準備する

　実際に子どもたちに提示する資料を作成することも，教材研究では大切なことである。

　教科書や副読本に掲載されている資料は基本的に子どもたちの発達段階に即した形で示されている。必要な場合には，補足の説明が書かれている。その点では，そのまま学習の資料として扱うことができる。

　しかし，１で示したような地場産業のように教科書に出ていない事例を扱う場合には，自分で教材研究をした分，子どもたちに考えさせたり，伝えたりしたい内容が入ってくる。

　その際，留意しなければいけないのは，**子どもたちの実態に合わせて教材研究の成果を生かす**ということである。特に以下の２点には留意したい。

　・教師が教材研究で入手した資料が難しい説明の場合，子ども向けにわかりやすく書き直す
　・使いたい写真やデータのうち使用するものは，指導意図に応じて必要なものに留める

　これらは学習する子どもたちのための配慮である。いたずらに子どもたちの実態に合わない資料を提示する必要はない。

④ 学習資料集では「違う情報」に着目する

　学習資料集は，プロの人による資料収集である。教師個人では集めることが難しい資料も数多く掲載されている。他の人の知恵で利用できるものは活用したい。

　資料集で注目したいのは，**「教科書と違う情報」**である。たとえば，歴史

の絵画資料で教科書と同じものが掲載されていても，解説が加わってわかりやすくなっているものがある。

　もちろん，教科書にはない資料が掲載されていたら，それは子どもたちも活用できる新しい情報になる。教師がその情報をさらに詳しく調べることによって，新たな教材化の可能性もある。

⑤ 教科書プラス・アルファは子どもたちにとってもプラス

　1〜4による教材研究を行うことにより，**「教科書プラス・アルファ」の授業となる**であろう。そのことは授業に一味違う変化を加えるであろう。

　効果はそれだけではない。子どもたちがプラス・アルファの部分に興味をもち，自ら調べ活動を積極的に行うことも十分に期待できる。

　以前，「蒙古襲来絵詞」の絵画資料について，教科書に掲載されている絵の他に異なる場面の資料を何点か提示し，読み取りをさせたことがあった。興味をもった子どもたちは，自主的に他の「蒙古襲来絵詞」の資料を調べていった。

　教師が教材研究をする成果は，授業での興味・関心を高めるだけではなく，このように子どもたちが調べ学習をしようとする姿に反映されるのである。

Chapter 2

このスキルで授業が変わる！
社会科授業デザイン
はじめの一歩

―教材追究と多様な学びの生かし方―

>>> 写真資料をもとに授業開きをするスキル

先行実践の分類化とともに

① 写真資料をもとに授業開きをするスキル　はじめの一歩

（1）　授業開きの考え方

　社会科には様々な授業開きがある。「社会科って楽しい」と感じてもらえるように学習ゲームやクイズを行うもの，資料の読み取りや教科書の使い方といった学習技能に重点を置くもの，さらに楽しさや技能に加えて社会科を学ぶ意義について考えさせる場合もある。

　教師自身の意図によってその内容は異なるであろうが，共通しているのは教科書を含めた何らかの資料を活用しているという点である。社会科の場合，その資料の割合で一番多いのが写真であろう。教科書にはどの学年でも，写真資料が一番数多く掲載されている。1枚の写真には多くの情報が詰まっており，子どもたちの理解を助けるだけではなく，記憶にも残りやすい。その点では授業開きで何らかの写真を活用することは意義がある。

（2）　写真を活用するアイデア例

　具体的に次のような方法で，写真を授業開きに活用することが考えられる。

①　興味を示す写真教材提示の例

　対象とする学年の学習内容で，子どもたちが興味を示す写真を提示するものである。このような教材はインターネットが普及してから準備しやすくなった。たとえば，「地域で子どもたちが知っている場所の写真」を教材にするだけで子どもたちは「知っている！」と関心をもつであろう。

②　ゲーム・クイズの答えで写真情報を入れる例

　たとえば，県内の学習に関わるクイズや，都道府県スリーヒントゲームのように，学習内容をクイズ化・ゲーム化することで，子どもたちは楽しく学習に参加できる。その際，それらの答えに写真を追加することで，子どもたちは県内や他の都道府県の情報を知ることにもなる。

③　教科書の写真の活用の例

　教科書の表紙や裏表紙には，その学年で学習する内容や子どもたちが学習している写真が掲載されている。また，最初の部分や最後の部分に前学年内容と一年間で学習内容が写真入りで紹介されている場合もある。その写真を授業開きで扱うことで，その学年の学習内容の概要を子どもたちは知ることができる。

④　地図帳の活用の例

　地図帳は地図がメインではあるものの，写真情報も掲載されている。たとえば，世界各国の様子が写真で紹介されていたり，日本の世界遺産などがコンパクトに数多く掲載されたりしている。学級開きで地図帳利用を行うのであれば，その活用方法の一つとして写真も載っていることを教えたい。

⑤　情報ツール活用の例

　社会科では，情報機器で子ども自らが必要な情報を収集する場面や，教師が学習内容に関わる画像や動画を示したりする場面が他教科よりも多いと思われる。授業開きで情報機器を使って学習に関係のある写真の検索の方法を教えたり，子どもたちの参考になるホームページ（例「NHK for School」）を教師が紹介したりすることで，その後の情報収集活動への意欲を高めることができる。

　ここに紹介した写真の活用は，教科書や地域の写真というように準備が容易なものがほとんどである。効率的に授業開きの準備ができる点も写真資料の授業開きのよさである。

② こんな場面で使える！
写真資料をもとに授業開きをするスキル

（1） 初めての社会科は学区や地域の写真で

　3年生で子どもたちは初めて社会科という学習を行う。新しい学習に期待している様子が伺える。そのような子どもたちに「授業開きで1年間の社会科の見通しをもつ」ことは，社会科により関心を高めるであろう。そこで，子どもたちに学習内容のイメージ化を図るために，以下のような学区や地域の写真を準備する。

・学区の街の中の写真（商店街，神社，公園など）
・スーパーマーケットの外観の写真
・市の有名な特産品の写真
・かまぼこ工場の内部の写真

　必要に応じて，それぞれの項目で複数枚を準備する。

※S＝子ども　T＝教師（本章では各項目とも同様）

T 「これから見せる写真は，3年生の社会科に関わるものです。ここはどこですか？」

　（子どもたち，「あー」「知っている！」「見たことある」と口々に言う。）

S 「商店街だ！」

　「この商店街に入るところに，『駅通り商店街』という看板があるよ。」

　「ぼくは，家の人とよく買い物に行く。」

T 「では，どんなことを知っていますか？」

S 「多くの店が並んでいるよ。」

　「お母さんとよく八百屋さんと魚屋さんに行く。」

　「スタンプカードがあって，買い物をすると点数が増えていく。」

　（同様に学校の近くの神社や公園についても行う。）

T 「次はこの写真です。ここはどこでしょう。」

S 「〇〇スーパーだ。」

T 「こちらは？」

S 「こんどはスーパー△△だ。」

　「どちらも行ったことがある。」

T 「これらはスーパーマーケットといいます。**教科書にも写真が出ています
　よ。**どこでしょうか。」

S 「あった！55ページにスーパーマーケットの写真があるよ。」

　「スーパーマーケットの中の大きな絵がある。」

　「本当だ！たくさんの人が買い物をしている。」

T 「58ページの写真を見てみましょう。お店の人に子どもたちがインタビュ
　ーをしていますね。」

S 「本当だ。一生懸命にメモをしている。」

　「何を質問しているのかな…」

　（その他に，特産品やかまぼこ工場についても同様に行い，一通り写真を
　見せ終える。）

T 「これらの写真や実物は，これから学習する３年生の内容に関係するとこ
　ろばかりです。みんなも教科書の子どもたちのように見学に行きたいです
　か？」

S 「行きたい！」

　「行って，ぼくもインタビューをしたい！」

T 「３年生で実際に全部見学に行きますよ！」

S 「やったーっ！楽しみ！」

T 「ところで，このように学区にあるいろいろなところを見学したり，スー
　パーマーケットやかまぼこ工場に行って学習したりするのはなぜでしょ
　う？グループで話し合ってみましょう。」

S「くわしくまちの様子を知ることができる。自分たちの住んでいるまちの様子を知ることは大切だから。」

「自分たちが関係している施設のことがわかるから。」

T「今のようにみんなで話し合ったから，考えが出てきました。たくさん社会科に関することを知るだけではなく，友だちとの話し合いからも学ぶのが社会科です。」

★ Point!

① 地域の身近な写真から経験を話し合う

ここで示す写真は子どもたちにとって身近なものである。特に学区の各施設やスーパーマーケットは行ったことがある子どもたちも多い。それぞれの経験を話し合うことで，子どもたちはそれらの施設を身近に感じることができる。

また，今後見学する施設でもある。その点は未知の施設でも子どもたちにとっては学習の対象となる。興味をもたせるという点では必要な資料となる。

② 教科書との関連づけを図る

スーパーマーケットの例では，教科書の該当ページを探させている。また，インタビュー写真をもとに，これから子どもたちが行う学習活動も示唆している。そのことにより，子どもたちは教科書にも関心を示すであろう。

なお，教科書ではなく地域の副読本を活用するのでもよい。

③ 学習する意義と話し合いをする価値を大切にする

学習内容を知るだけではなく，「見学をなぜするのか」というように，学習する意義を発問している。このことを考えることは学習することの有用性を実感することにつながる。たとえ，「難しい」という反応があってもよいと考える。それは学習している中で実感していけばよいからである。

また，話し合うことの価値についても触れていることで，教師が重視する学習活動を感じ取らせている。

（2）　教科書の写真から学習内容を知り，自分との関わりを考える

　６年生の教科書（教育出版「小学社会６」令和２年度版）の表紙と裏表紙を大型モニターで拡大投影する。

Ｔ「いよいよ，皆さんは６年生ですね。今日は社会科の教科書を使って学習をします。表紙や裏表紙を見てみましょう。写真が載っていますね。気づいたことや思ったことをペアで話し合ってみましょう。」

　（子どもたちペアで話し合う。その後発表。）

Ｓ「昔の時代の絵が大きく表紙に写っている。これは何の絵なんだろうと思った。」

　「服装からすると，相当昔だと思う。」

　「この建物は写真で見たことがあるけど，何かわからない。」

　「知っている。それは国会議事堂。」

　「国会議員の皆さんが話し合う場所なはず。」

　「車椅子の人と一緒に学習している。これはどんな意味があるのかわからない。」

　「写真ではないけど，『この教科書は，これからの日本を担う皆さんへ期待をこめ，税金によって無償で支給されています。大切に使いましょう。』と書かれている。」

　「それは他の教科書にも書かれていて家族に聞いてみたら，教科書代は集めないということだとお父さんが話していた。」

Ｔ「皆さん，たくさんの発見をしましたね。すばらしいです。ところで，先ほどＡさんが『どんな意味があるのかわからない』と言っていたけど，**これらの写真や図はどのようなことを伝えようとしているのでしょうか。**」

Ｓ「今までの教科書も表紙に学習に関係する写真が載っていた。だから，これから学習する内容だと思う。」

　「確かに５年生では，米作りの写真だった。」

　「歴史上の絵だから，まずは歴史を学習するのだと思う。」

T 「国会議事堂は何の学習かな？目次を見ればヒントがあります。」

S 「『ともに生きる暮らしと政治』とあるから政治かな。」

　「ともに生きるということは，車椅子の人と一緒に学習することも，ともに生きることと関係があるのかもしれない。」

　「他にも目次を見ると世界のことを学習するみたいだ。」

T 「みんなが気づいた通り，６年生では『政治』，『歴史』，『世界の中の日本』を学習します。そして，みんなが考えたように**教科書に掲載されている写真や絵図には何からの「伝えたいこと」があります。**授業でも「この写真で伝えたいことは何か」と時々聞きます。資料を見る際にはそのことを意識して考えていきましょう。」

T 「今度は写真クイズをします。皆さんが見たことがある人物です。」

　（野口英世の写真を大型モニターに映し出す。）

S 「あっ，千円札で見たことがある。」

　「知っている。野口英世だ。」

T 「そうです。教科書にも野口英世の写真が載っています。どこでしょう。」

S 「あった。野口さんだけではなく，他の人も載っている。」

T 「（今度は福沢諭吉を映し）では，この人物は？」

S 「もちろん知っている。でも誰かな？」

　「一万円札の人。」

　「181ページに載っている。」

　（同様に樋口一葉についても行う。）

T 「これらの人物は皆さんお札になっていますね。**どうして，お札に写真が載っているでしょうか。**」

S 「きっと，世の中のためになることをしたのだと思う。」

　「野口英世はお医者さんで活躍したということを伝記で読んだことがある。」

　「福沢諭吉については教科書に『学問のすゝめ』という本を出したという

ことが書いてあるよ。」

T 「歴史上の人物の写真は皆さん見たことがないので知らないと思ったら，ちゃんと知っていましたね。」

S 「先生，お札だからさすがに見たことはあります。」

T 「教科書の歴史上の人物で皆さんが見たことがある写真がまだまだあるかもしれません。また，その人物がなぜ教科書に載っているのかを調べることも楽しみですね。」

★ Point!

① 資料のメッセージ性を意識する

　社会科教科書には数多くの写真が掲載されていることは言うまでもない。ただし，表紙や裏表紙の写真は，子どもたちも授業のたびに一度は目にするものの，何の写真か考える機会は少ないと思われる。教科書の表紙に写真が掲載される意義について考えていくことは，資料のメッセージ性を意識する点で意義がある。

　また，「この写真で伝えたいことは何か」と様々な資料で問うことは，子どもたちの読み取りの視点を増やすことにつながる。

② 見たことがある写真を学習意欲につなげる

　自分がお札で見たことがある人物の写真が教科書に掲載されていることは，子どもたちにとっては新鮮な驚きである。それが紙幣の人物であることは，「何をした人物だろう」という興味につながる。インターネット上では過去の紙幣も見ることができるので，過去の紙幣の人物を教科書で探すことも可能である。

※本実践は2023年時で使用されている紙幣での実践である。

2 多様な学び方を生かすスキル

それぞれの学びのよさを子どもたちが自覚する

1 多様な学び方を生かすスキル　はじめの一歩

（1）　学習計画を立てる段階で選択させる

　多様な学びを生かすためには，子どもたちを多様な学びに誘（いざな）うことが前提となる。学習問題に対して，まずは予想を立て，そのうえで子どもたちがどのように解決していくのか見通しをもつようにする。つまり学習計画を立てるのである。1単位時間では予想を立てたのち，調べるだけでも「観点」，「方法」，「順番」といったことを見通す必要がある。

　ここで大事なのは，子どもたちに学習計画で選択する場があるということである。調べる方法として，教科書や資料集，関係図書，インターネット上の情報などが考えられる。自ら学びを選べることは多様な学びにつながっていく。

　なお，子どもたちが学んだ内容は話し合い等で交流するが，その際にはその目的を共有化するとよい。事前に「調べたことについて根拠を付けて話し合いましょう。他の人の内容から自分の考えが深まったら，よい話し合いだったと言えます。」と告げておく。実際に自分の考えが深まることで，個々の多様な学びをもとに話し合うことのよさを実感するであろう。

（2）　学習方法の技能を磨き合う

　基本的な学習方法の技能を身につけることは社会科では不可欠である。情報収集，資料の読解，学びの表現といったそれぞれの活動に応じた学習技能が様々ある。これらは必要の場面でそのつど具体的に指導をしたい。

　教科書はそのための適切なテキストである。たとえば教科書には学び方に関わるコーナーがある。情報収集や資料の読み取り，表現活動等に関わる学習方法について，教科書内容に基づいて具体例が書かれている。教師にとっても指導の一助となる記載があり，たとえば小学校5年生の折れ線グラフの変化の読み取りでは，読み取り方だけではなく，その理由の調べ方や今後の予想の方法まで示されている。これらは折れ線グラフを資料として活用する際の学び方の具体的な方法であり，その後別のグラフが出てきた際にも応用できるものである。

　表現方法についても，教科書の例では「リーフレットづくり」「図や表」「順位づけ（ランキング）」などがある。**ここで大切なのは，それぞれの方法がどのようなことを表現する際に効果的かということを子どもたちが理解することである。**たとえば，「共通することを見つける場合ならベン図がわかりやすい」，「関係性を示す場合には線や矢印をつないだ図が見やすい」ということを知識としてもっていれば，自分の思考を図表で整理する際に選択しやすい。

　ただし，学び方を教師が教科書に基づいて指導したとしても，その学習技能は簡単には身につかない。子ども自身が実際に学び方に基づいて自力で行ってみることが，学習技能習得へのスタートとなる。それらを経験したうえで，**さらに学習技能を高めるには，他者との学び合いの場が必要**である。学級全体で見れば多様な方法で子どもたちは学んでいるが，子どもたち一人一人にとっては単線化である。その点で，同じ表現方法に取り組んだ子ども同士が，お互いの取り組み方を交流することは意義があるだろう。

　ここで留意したいのが，そういう**場づくりが子どもたちから自発的に行われているかどうか**という点である。学習活動に対しての一定の自由さが保障されることで，子どもたちは主体的に行動する。子どもたち自身が学習技能を磨き合う場を自らつくるのが理想である。

② こんな場面で使える！多様な学び方を生かすスキル

（1）　子どもたちが調べる観点・方法・順番を見通す

　6年生の「平安時代の貴族」の学習である。貴族の屋敷の想像図について話し合い，「貴族はどのような暮らしをしていたのか」という本時の学習課題を設定した。子どもたちが予想を発表し，学習活動を見通す場面である。

T 「それでは，学習計画を立てていきましょう。**学習課題を解決していくた**
　めに何を調べていきますか。『調べる観点』のことです。」
S 「最初に屋敷の様子を話し合ったので，『屋敷での暮らし』が一番わかり
　やすいと思う。」
　「教科書には貴族が遊ぶ写真もあるから，『貴族の遊び』も暮らしに入る
　と思う。」
　「ここでは藤原道長が中心人物として出てきているから，『道長の暮らし』
　も観点になるんじゃないかな。」
　「資料集には『貴族の一日』の表があるから私はそれを読み取ってみた
　い。」
　（教師は観点となるキーワードを板書していく。）

T 「その他にも自分が調べたい観点がある人？4人いますね。その人は，そ
　の観点も入れていいです。
　　それでは，『調べ方』だけどすでに**教科書や資料集に貴族の暮らしの情報**
　が載っているようです。他にも，いつものようにタブレットで調べること
　ができそうですね。」
S 「リンク先に貴族の動画があるのを先ほど見ました。」
T 「今回の授業での先生からの情報は動画をいくつか紹介しています。いつ
　ものように，①全員で教科書からの情報収集，続いて②自分で選ぶという

ことでいいですか？」

S「教科書と資料集のどちらにも貴族の屋敷の図があるので，見比べながらしたいと思いますが，いいですか。」

T「もちろん構いません。**自分で学びやすい，この方法が自分に向いているということがあったら，どんどんと工夫していいのです。**では，はじめましょう。時間は12分です。」

　子どもたちはさっそく調べ始める。

　観点で出た「屋敷の暮らし」，「貴族の遊び」，「道長のこと」，「貴族の一日」等から，各自が調べる順番も決めて取り組んでいる。基本的に教科書が効率的に情報を収集できるので，まずは教科書をもとに調べているが短時間で資料集や動画に切り替えている子どももいる。一方，じっくりと教科書を読み取っている子もいる。

　調べた後は，グループでの情報交流を行う。

　その際に，**本学級ではどのようにして調べたかを最初に言うことになっている。**「教科書の写真からだけど…」，「資料集の〇ページの図で…」といった発表が続く。また，**調べた内容に自分なりのキーワードを加える**ことになっており，「一言でいえば貴族の暮らしは『優雅な日々』という感じ」，「囲碁や和歌などは今に通じる文化と言える」というようにまとめていた。

　グループごとの話し合いの後，学級全体による話し合いを行い，課題に対するまとめを行った。以下，最後の振り返りの場面である。

T「今日の学習方法で何か考えたことはありますか。」

S「Aさんが最初に話していた『貴族の屋敷の絵を教科書と資料集で見比べる』ことを私もしてみた。同じところも，違うところも発見することができて学びが深まったと思う。」

　「教科書で最初に蹴鞠の遊びの写真を見てサッカーのパスみたいのかと思ったけど，動画を見たら鞠を落としていなくて結構貴族の人たちは長い時

間楽しんでいたのではないかと思った。」

T「今発表した人たちは，『教科書と別の方法を比較する』という学習方法のよさがあったようですね。

また，Bさんは話し合いの中で「囲碁や和歌などは今に通じる文化と言える」というように話していました。このころの文化を「国風文化」（板書する）と言います。これは次に学習するんだけど，今日出たものの他に，このころの文化では何がありそうですか。」

S「確か，『源氏物語』もこの時代だったと思う。図書館で読んだことがある。」

T「なるほど。次の時間は国風文化について学習していきましょう。新たな課題が出てよかったですね。それでは一人一人振り返りを書きましょう。」

★ Point!

① 学習方法の選択・工夫が保障されている

本学習では今までも子どもたちが多様な学びをしてきていることが授業記録からわかる。そのポイントは子どもたち自身が学習観点や方法，順番を選択しているということである。また工夫することを教師も奨励している。

② 情報交流で調べ方や考え方を重視する

グループごとの話し合いで情報収集の方法や調査しての自分なりのまとめを発言する約束事になっている。このことにより，多様な調査方法や考え方を意識するようになるであろう。

③ 振り返りで多様な学習活動のよさを意識させる

振り返りで教師が本時の学習活動に言及している。このことは他の子たちにその方法を広めるだけでなく，「自分も今度はその方法で取り組んでみよう」という意欲を喚起することにつながる。

（2）　学習方法のよさを考え，交流し合う

　5年生の農業の学習で，後継者不足や米の消費量減少といった米作り農家が抱える課題に対して，発展学習として「これからの農業に大切なこと」というテーマを単元の最後に設定した。子どもたちは既習内容をもとに，「どのような内容を」「どのような表現方法で」取り組むか話し合う。

T「『これからの農業で大切なこと』をこれから各自でまとめていきます。まずはどのような内容をまとめていきますか。今まで学習してきたことをもとに考えましょう。」

S「私は良質のお米を作っていくことが，お米の好きな人を増やすことだと思うので，『美味しいお米作り』をまとめていきたい。」

　「今は農業で働いている人がどんどんと減っていることが大きな問題だと感じたから，働いている人を増やすために考えたことに取り組んでいきたい。」

　「今Aさんが言ったことと関連するけど，米作りを若い人たちが取り組み，これからの将来も続けることが大事だと思う。」

　「この学習で，米作りの方法も変わってきていることを知った。スマート農業が進化してきている。今までの農業と比べながら大切なことを考えていきたい。」

　（その他にも，化学肥料に頼らない米作り，輸送コストのカット，新しい品種改良，消費者へのPR等の考えが出てくる。）

T「多くの大切なことが出てきましたね。それでは，どのような方法で自分の考えを表現しますか。」

S「今回もやはりスライドシートに写真かな。」

　「前の学習でランキングの方法を知ったから試してみたい。」

T「それぞれ行ってみたい方法があるようですね。ただし，**自分が選んだ方法にはどのようなよさがあるか考えていますか。自分が表現したことをよ**

りよく表現できそうなものを考えましょう。どれがよいのかわからないという場合には，友達や先生に相談してください。」

S「自分は写真で発表したいから，スライドに写真を大きく貼り付けて見やすくプレゼンするよ。」

「昔と今とそして未来のスマート農業を比べると，米作りの進化がわかりそうだ。そうならば，表にするのがきっと見やすい。」

「ぼくは一つのことだけではなく，大切なことはいくつかあると考えているからランキングで大切なことを順位づけしていきたい。特に一番大切なことはくわしく説明できるようにしていきたい。」

（各自作業に取り組む。）

T「作業の途中ですが，ここで同じ方法に取り組んでいる人同士で友達と情報交流したい人はどうぞ。友達のよさを自分に取り入れることが目的です。したい人だけです。」

【スライドシート作成の子どもたちの交流】

A「どんな感じで作っている？（画面を見て）わっ，何かパッとひきつけるスライドだね？どこが違うんだろう…。」

B「うん，写真が中心なのは同じだけど，その写真に合うキャッチコピーを目立つように入れてみたよ。」

A「ああ，『美味しいものを作る喜び！』のところだね。米作り農家の人が強調していたところだ。」

B「自分の伝えたいことは，写真にキャッチコピーを加えたことで，わかりやすくなったよ。スライドシートだからできることだね。」

A「なるほど！」

【ランキング作成の子どもたちの交流】

C 「ランキングは順位づけだから，大切なことを4つ考えた自分は一番いい
　方法と思ったんだけど，どれを一番大切にしたいものにしたらよいか迷っ
　ているんだ。どうやってランキングを決めたの？」

D 「自分の場合には，米作りの課題が多いから，『すぐに実現できそうなこ
　と』を一番にしたんだ。米作り農家の数は少なくなっているけど，米作り
　をもっと盛んにしたいと思っている人は多いので，そういう人たちが消費
　者のPRをすればいいと思うよ。実際にぼくたちだって応援できるし。」

C 「確かにそうだ。みんなが納得するような理由でランキングを決めないと
　いけないな。」

★ Point!

① 表現する内容と方法をセットで考える

　子どもたちの単元での学びを複数の表現方法で行う際に大切なことは，そ
の方法のよさを子どもたちが理解していることである。教師は，子どもたち
が「自分が表現したいことに合う方法は何かな？」と考える時間を保障した
い。ただし，実際に取り組み始めたら結構難しいという場合もある。そのよ
うなことも一つの学びであり，子どもたちが試行錯誤できるようにしていき
たい。

② 同じ方法を交流する意義

　同じ方法で取り組んでいる子ども同士が交流する場合には，自分の活動に
生かせる具体的な内容や方法を交流相手から得ることは多いであろう。その
ような目的を交流する前に確認することが大切である。また表現活動ののち
に，「Bさんから，プレゼンテーションの最初に印象に残るスライドの示し
方を知った」というように他者から得た学びを振り返ることにより，今後の
自分の発信活動につなげることができると考える。

3 >>> 教師の教材追究力を生かすスキル

その教材の価値は何か追究し続ける

① 教師の教材追究力を生かすスキル　はじめの一歩

（1）　その教材の価値を考える

　教師が「この教材を授業で扱いたい」と考える時には，すでにある程度その教材について調べているはずである。一定の知識があるからこそ，その教材の価値が見えてくる。

　しかし，その価値の理解はまだまだ表面的な可能性がある。そこで取り組むべきことは，「授業でどのように扱うか」ということをいったん置いて，「一人の教材ファン」としてその教材を追究することである。たとえば，地域の伝統工芸品であれば関連文献をリサーチしたうえで，実際に製作現場を見学に行ったり，職人の話を聞いたり，出来上がった作品を鑑賞してみるとよい。可能なら体験活動をしてもよい。教師というより一人の人間として，その**追究過程で心が動かされる場面**があるはずである。それがその教材の価値にもなるであろう。

　ここでポイントとなるのは，教材に関連するキーマンを見つけることである。どのような教材であれ，その教材に関わる人は存在する。働いている人はもちろん，歴史教材でも詳しく調べている人がいる。直接出会うことができなくても，そのキーマンの方の書籍から学んだり，遠隔地でも担当の方の電話取材ができたりするはずである。

　このような教材追究活動が，まずは土台となる。

（2）　教材全体を着想する

　教師自身が教材について一通り追究活動をしたら，具体的に教材全体の着想に入る。1単元においても1単位時間においても教材開発の全体像を検討していくことがまずは必要である。その形は教師が表現しやすいものでよい。思いついた教材化のアイデアを次々と記すことができるとよい。

　その際，あくまでも教材開発の中心に来るのは教師自身が追究したその「教材の価値」である。多くの記録や写真・実物等は，その教材の価値を子どもたちが追究していくための材料にすぎない。

　ここで留意しなければいけないのは，追究活動が深いほど，教材に対する思い入れも深くなり，自分が追究した内容の多くを授業で扱いたいと考えてしまうことである。しかし授業時間には限りがある。学習指導要領や教科書等を照らし合わせながら，**適切に扱いたい内容を絞る必要がある。**

　これは何も教師の教材追究の努力が無駄になるわけでもない。授業で扱わなくても，子どもたちの興味を高めるために取材した写真等を教室に掲示することができるし，何よりも子どもたちは教師が教材を追究する姿に共感を示すであろう。

（3）　基本的な単元構成・1単位時間の構成に向けて

　授業で扱う内容がおおよそ決まったら，次は具体的な授業研究に入る。

　ここでまず考えるのは，子どもたちの学習活動である。子どもたちがどのように追究活動を行うか考えていく。導入で「調べたい」という意欲を喚起したいからこの資料を使おう，話し合い活動で教材の価値を深めたいからこの発問をしようというように，具体的な授業場面を想定していく。

　この段階で「扱いたい内容・活動」と「教材」をセットで記録化していく。1単元であれば相当な数になるし，1単位時間でも5〜8個ぐらいになる。それらを並び替えて，基本的な単元構成や1単位時間の構成ができるのである。

（1）「青い目の人形」の教材追究

①　「青い目の人形」とは

　「青い目の人形」とは，1927年にアメリカのギューリック博士が，約一万三千体もの青い目の人形を国内から集めることを呼びかけ，日本に贈られてきたものである。最初は「友好の使節」と言われ，日本でも大歓迎された。人形は全国の小学校や幼稚園に贈られ，行事の時等には飾られた。

　しかし戦争が始まると「敵国人形」ということで，壊されたり，焼かれたりした。それでも，「焼くのはかわいそう」とあちこちに隠したり，保存したりして現在全国で三百数十体残っている。

　幸いなことに勤務校の学区の幼稚園に１体保存されており，６年生の社会科の歴史学習（太平洋戦争の単元）で教材開発ができないかと考えた。実は1990年代にもそのような着想はあったが，子どもたちに提示する資料等の収集が難しく，簡単な紹介程度で終えていた。しかし，時代が変わりインターネットで青い目の人形の様々な情報が入るようになり，１単位時間の授業化が可能と考えた。

②　まずは文献調査

　インターネットの普及前なら教材開発の文献調査は書籍が中心だった。しかし，現在は一次情報としてインターネットで検索がやはり便利である。たとえば，書籍や論文を探すにしても容易にできる。青い目の人形についても同様だった。むろん，青い目の人形に関する詳細な情報も掲載されている。

　それだけではない。「青い眼をした人形憎い敵だ許さんぞ」という小見出しがある戦争中の新聞や，関連する写真，さらには青い目の人形の歌まで動画として見つけることができる。

　これぐらい教材がそろえば，インターネットでの情報だけで授業構成ができそうである。しかし，せっかく学区内の幼稚園にあるのなら一度は青い目

の人形を見てみたいと思うのが，やはり社会科教師の性である。青い目の人形がある幼稚園に連絡をとり，取材訪問をした。

③ 守った勇気に心が動く

　学区の幼稚園では園長が青い目の人形を実際に見せてくれ，園に言い伝えられている当時の話を聞かせてくれた。

・名前はメリー・エリザベス・ハミルトン

・贈られた時のメッセージがカードに英語で書かれており，人形と共に残されている

・メッセージには友好の証が書かれ，当時の願いが伝わってくる

・幼稚園では大切に扱っていたが，戦争に入ってから敵国の人形となり，当時の先生方も心配していた

・次々と青い目の人形が近隣でも処分される中，当時の園長は2階に人形を隠した

・そのような行為をすれば，当時はどのように扱われるか想像がついたが，当時の園長は何よりも友好の証を大切にしたかった

・戦争が終わり，青い目の人形もようやく子どもたちに再び見せることができるようになった

・戦前・戦中・戦後と生きた青い目の人形は，私たちにとって平和の大切さを考えるものになっている

　取材は1時間あまり。幼稚園を最初に訪問して見せてもらった青い目の人形は，取材後は違って見えた。人形の背後に戦争当時に必死になって，守ろうとしていた当時の園長の姿が想像できた。そして，戦争後も平和を見続けている瞳を見入ってしまった。

　文献調査では得られない取材がここにあった。まさに心が動いた取材訪問であり，教材追究の醍醐味を味わうことができた。

④　どのように教材化するか

　取材終了後，さっそく教材化に取り掛かる。単元の最後に「平和を見続けた青い目の人形」という１時間の発展内容として扱うこととした。青い目の人形自体が歴史上の戦争と平和を考える価値ある教材なのであるが，それは今の平和を考えることにもつながると考えた。

　自分が調べた内容と取材をもとに授業で扱いたい内容・活動とそれに対応する教材を確認しながら，授業の全体像を考えていく。（次ページの図を参照）

　中心となる発問は「青い目の人形は何のシンボルか。」とした。「青い目の人形は何を見続けているのか。」，「青い目の人形は何を考えているのか。」ということも考えたが，まとめのためにより一般化できる発問を選んだ。

　資料は取材で撮った写真やメッセージカードのコピー，インターネット上にある当時の新聞や歌の動画等，揃っていた。特に，当時の新聞は子どもたちに読み取らせるだけではなく，青い目の人形を処分しなければいけない当時の人々の気持ちに迫ることができる良質の資料と考えた。

　問題は教科書の本文のように，青い目の人形についての概略的な内容を伝える資料である。テキストで作成することが考えられたが，先行プレゼン学習で２人の子に説明してもらうことにした。これは，学級のうち一部の子が学習内容を先駆けて学習し，授業時に他の子たちにプレゼンをするというものであり，１年間に全員が一度は経験をするものである。少人数で行うので指導しやすいというメリットがある。

　以上のことを踏まえて作成した授業の全体図が次のページのものである。教材の価値を中心に据え，左に「扱いたい内容・活動」を，右に「教材」を記した。

「青い目の人形」を教材とした授業（着想）

扱いたい内容・活動

1927 年に 12739 体，日本に寄贈。岩手には 263 体。答礼人形を送る。

太平洋戦争時に敵性人形としてほとんど処分。

岩手県に 18 体残っている。1 体は地元幼稚園！

当時の処分されなければいけない状況と守った人の両面から考えさせる？

青い目の人形は何のシンボルか？（発問で）
→深い話し合いをしたい

振り返りで考えたことを長く→今を考える機会に

青い目の人形を教材化する価値は何か。
…平和への願い、当時の状況、今を考えることになる

教材

教科書に紹介
（前時に予告）

青い目の人形の歌がある

端末での調べ活動のデータ

処分した当時の新聞データ示す

学区幼稚園に残った 1 体あり
→有志で取材とプレゼン？

教科書の戦争中の子どもたちの様子と関連づけ

（2）「青い目の人形」の授業

当時の新聞（「青い目の人形憎きその敵」という見出し）を読み取る。

T「新聞からどのようなことを考えましたか。」

S「贈られたものを戦争だからといって焼くことはない。」

「人形は悲惨な運命だ。」

「このようなことをしてはならない。」

T「今の考えからすると，確かにそのように思いますね。**もし，君たちが当時の小学生だったらどういう行動をとりますか。**」

S「みんなと違う考えで行動するのは確かに難しい。」

「人形を憎まないという自信はない。」

「心の中では『おかしい』と思っていても，違う行動をとると思う。」

T「当時はこの新聞からわかる通り，そのような行動をとるのが当たり前だと思われていました。」

（教材の価値に迫るまとめの場面）

T「青い目の人形は何のシンボルと言えますか。」

S「戦争をなくすためのもの。今も世界では戦争が行われていて，広く伝えたい存在」

「平和を訴えるシンボルでこれからも守り続けていくべきもの」

「戦争から平和を取り戻すシンボル。それは今も同じ。今こそ世界から平和を取り戻したい。」

「過去の戦争の歴史が人形に詰まっている」

「人形自体が平和を考える大切な存在」

T「さまざまな考えが出てきましたが，共通しているのは「平和への願い」と言えるでしょう。この学習のまとめを書きましょう。」

・青い目の人形は，日本とアメリカの友好のために贈られたのだが，戦争の時にほとんど焼き捨てられてしまった。青い目の人形は平和を取り戻すために大切な人形だからこれからは大切にしてほしいと考えた。

・青い目の人形は「平和を」という考えでアメリカのギューリック博士から贈られたが，戦争が始まり，焼かれたり，串刺しにされたりした。贈った人の気持ちを裏切ってこんな事はしてはいけないと思った。

・青い目の人形にはたくさんの歴史があり，願いが込められている。青い目の人形は平和のシンボルでもあるので，これからも大切にしていくべきだと思う。

・青い目の人形は戦争でたくさん焼かれてしまったが，残りの数少ない人形が戦争のない平和な世界を望んでいる。私もこの幼稚園に通っていて見たことがあったが，当時の世の中で保存していた園長さんがすごいと思った。

★Point!

① 戦争当時の基準で考える

　今の考えからすれば，戦争当時の人々が人形を処分することは子どもたちからすれば当然考えられないことである。ただ，実際に当時の小学生だったらという発問で当時の人々の考えを深めることが可能となる。

② 教材の価値に関わる発問をまとめにする

　今回は「青い目の人形は何のシンボルと言えるか。」という発問で，この教材の価値に迫ろうとした。この発問により，子どもたちなりのキーワードを各自が見つけ，まとめに結びつけることができた。

4 ≫≫ ユニバーサルデザインの考えを生かしたスキル
焦点化・視覚化・共有化を中心に

① ユニバーサルデザインの考えを生かしたスキル　はじめの一歩

（1）　社会科授業のユニバーサルデザインとは

　社会科授業のユニバーサルデザインの定義は，「学力の優劣や発達障害の有無にかかわらず，すべての子どもが，楽しく「わかる・できる」ように工夫・配慮された通常学級における社会科授業デザイン」である（村田2013）。

　配慮の必要と考えられる子どもに対する支援が，結果的に学級全ての子どもに対しての有効な支援になるような社会科授業の在り方である。

（2）　視覚化する

　社会科授業のユニバーサルデザインを考える視点として大切なのが，「視覚化」，「焦点化」，「共有化」である。

　社会科は，写真や図，表やグラフといった資料を使うことが多い教科である。そのような**視覚的な情報を効果的に活用することで理解を深めたり，思考を促したりすることが視覚化**である。

　たとえば教科書にある資料を大型テレビ等で拡大提示し，注目したい部分にマーキングするだけでも子どもたちの理解度は変わってくる。さらに資料の一部を隠したり，2つの資料を同時に提示して比較したりする工夫によって，子どもたちの思考は促される。

（3）　焦点化する

　焦点化とはねらいや活動，情報などを絞ることである。

　高学年では資料に複数の要素が入っていることが多い。たとえば折れ線グラフで複数の項目が示されていたり，日本地図の分布図にさまざまな情報が組み入れられていたりする場合がある。資料の読み取りが苦手な子どもにとっては，どのように読み取っていったらよいのか混乱が生じることが考えられる。

　そのような際に，教師の指導のねらいにそって情報を焦点化して提示することが重要である。折れ線グラフであれば，示したい項目を一つだけ提示することでその変化が理解しやすくなるし，2種類に限定して提示することで比較がしやすくなる。このことは支援が必要な子たちだけではなく，学級全員にとってもグラフの読み取りが行いやすくなる効果がある。

　発問によって，子どもたちの思考範囲を絞ることも効果がある。たとえば，「①，②，③のうちあなたの考えに近いのはどれか」，「〇〇という考えにあなたは賛成ですか，反対ですか」というような発問である。これらは「どのように考えますか」という発問よりも考える範囲が限定される分，子どもたちの考えも焦点化される。

（4）　共有化する

　共有化とは，子どもたちの考えを確認したり，広めたりすることである。

　このような共有化の場面は教師が意図的に作り出すことができる。たとえば，導入で課題提示につながる資料に「あれっ？」と反応した子がいたら，その子に問いただすことで，資料に対する疑問が出てくるであろう。他の子にも聞くことで同じことを感じた子たちから課題につながる発言が次々と出てくることが考えられる。このことは，一部の子の課題意識を学級全体に共有化する意図的な働きかけである。

　また，一つの考えをペアで話し合うことも情報の共有化である。その情報を確認したり，それに対する考えを言語化したりすることが，同時に短時間で表現できるよさがある。

② こんな場面で使える！
　ユニバーサルデザインの考えを生かしたスキル

（1）　視覚化・焦点化で子どもの興味を広げる

　3年生の販売の仕事の学習で，コンビニエンスストアの商品棚の写真を示す。写真の右側の棚にはおにぎりが並べられている。左側の棚は隠されている。販売の仕事で商品の並べ方の工夫を考えさせる内容である。

T「コンビニエンスストアに行ったことがある人？」

S（勢いよく挙手し，経験を話し始める。）

　「家の近くにあるから，よく行くよ。」

　「好きなお菓子を買いに行くことがある。」

　「日曜日にもお昼のおにぎりを買いに行ったよ。」

T「（写真を提示し）これはコンビニエンスストアのおにぎりコーナーです。おにぎりの隣には何が売られていますか。」

S「飲み物だったような気がする。」

　「おにぎりと似た食べ物のパンじゃないかな。」

　「私もお茶のような飲み物だと思う。おにぎりと一緒に買いそうなものが売られていると思う。」

T「今，Aさんが言ったこと，大事ですね。どこが大事だと思いましたか？隣の人と話し合ってみましょう。」

S（子どもたちペアで話し合う。）

　「何が売られているか，理由を言っていた。」

　「理由を言うと，『なるほど』と思う。だから理由を言った方がいい。」

T 「では，次から理由も付け加えられる人は言ってみましょう。」

S 「ぼくもAさんと同じでお茶が並べられていると思う。おにぎりに合う飲み物だから。」

　「同じ飲み物だけど，食べたあとに飲むコーヒーかもしれないよ。お父さんはよく飲んでいる。」

　「おにぎりに合いそうなのは，みそ汁じゃないかな。ごはんにはやっぱりみそ汁。」

　「私はサラダだと思う。おにぎりだけだとお昼ご飯には足りないから，何か別のものを買うと思うから。」

　「確かに丸いパックにサラダが入っているのを見たことがある。」

　（他にも漬物やデザート等の考えが出る。）

　一通り考えが出たあと，板書で整理する。続いて，どのようにして，問題解決をしたらよいかその方法について話し合う。

【板書例】

おにぎりのとなりは？

・お茶→おにぎりといっしょにのむ

・コーヒー→食べたあとに

・みそ汁→ごはんに合う

・サラダ→おにぎりだけだと不足

T 「多くの考えが出てきましたが，どのようにしたら「おにぎりの隣で売られているもの」がわかるでしょうか。」

S 「教科書を調べたらわかる。」

　「でも，なさそうだよ。」

　「実際に行ってみたらわかるよ。」

　「先週行った『家での買い物調べ』と同じように，家の人に聞いてもいいと思う。」

T 「確かにコンビニエンスストアに行って調べてみたり，家族に聞いてみたりしたらわかりそうだね。実は，おにぎりの隣に売られているものがわかってから考えなければいけないことがあるんだけど，それは何かな？」

S「さっきＡさんが話していた理由だ。」

「どうして，おにぎりの隣にその商品が置かれているのか考えること。」

T「それがわかると，今日話し合ったことが解決しそうですね。」

★ Point!

① 視覚化・焦点化により思考が促される

最初に子どもたちにコンビニエンスストア利用の経験を問い，その経験を想起することを意識化させている。

そのうえで，写真のように一部を隠して提示することにより，子どもたちの「調べたい」「理由は何だろう」という学習意欲を高め，考える部分の視覚化・焦点化を図っている。隠して問うからこそ，子どもたちは思考を促されたといえる。

② 発言のよさを共有化する

途中でＡの発言のよさを「どこが大事だと思いましたか？」と子どもたちに考えさせている。それだけではなく，発言のよさを最初はペアで，次に全体で共有化している。このような共有化は次から発表する子どもたちの発言の変化につながる。

③ 解決方法を問う

隠している部分を授業中に示す展開も考えられるが，ここではあえて解決方法を子どもたちに問うことで，子どもたちの追究活動を誘っている。おそらく，子どもたちの調べた内容は異なっていることが推測される。つまり，店によって商品の配置の工夫も異なることを子どもたちは学ぶのである。

※この実践は，村田辰明著『社会科授業のユニバーサルデザイン』（東洋館出版社，2013年）を参考にしている。

（2）　考える範囲を限定した発問で思考を促す

　5年生の国内の食料生産の学習である。以下のような折れ線グラフ（左「主な食料の生産量の変化」，右「主な食料の自給率の変化」）を提示する。

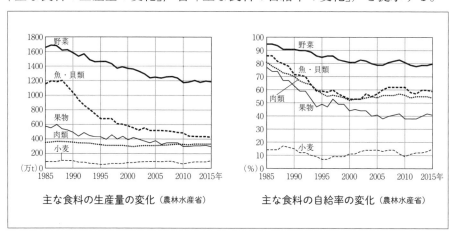

T「左のグラフから気づくこと，思ったことは何でしょうか。」

S「生産量が下がってきている食料が多い。」

　「特に野菜や魚・貝類は1990年ごろから下がり続けている。」

　「果物も下がっている。」

　「肉類や小麦はそれほど変化していない。」

　「野菜や魚・貝類がどんどん減っているのは働いている人が少なくなってきていることと関係があると思う。」

T「では，今度は右のグラフから気づくこと，思ったことは何でしょうか。」

S「やはり，野菜や魚・貝類，果物の自給率が下がってきている。」

　「生産量が少なくなったから自給率も下がったのだと思う。」

　「小麦の自給率はあまり変化していない。」

　「肉類の自給率は下がっているように見える。左の食料の生産量ではあまり変化がなかったけど。」

T「皆さんから，2つのグラフを比べている発言が次々と出てきてすばらし

いですね。どちらのグラフも下がっている，どちらも変わらないということがありましたが，肉類だけは違うようですね。**肉類の折れ線グラフだけ，両方とも示します。（他のグラフの情報は消える。）**」

S「あっ！」

T「今，どうして『あっ』とつぶやいたのかな？」

S「先生，肉の生産量は変化がないのに，自給率は80％から55％ぐらいまで下がっているよ。」

「きっと，外国からの肉の輸入量が増えたからだ。」

　この後，外国からの様々な食料の輸入の様子を調べ，食料を輸入することのよさや課題となる点を発表する。

T「食料を輸入することのよさや課題となる点が様々出てきました。**これからの日本の食料生産を考えるのなら，皆さんは次の３つのうちどの立場に賛成ですか。**

①食料の輸入をさらに増やしていく

②食料の自給率を高めていく

③食料の輸入も自給率も今の状態を維持する」

S「ぼくは①に賛成。外国のいろいろな食料が輸入することで，さまざまな食事ができるのだから，増やしていくのでいいと思う。」

「私は②です。日本の食料自給率は外国に比べて高くないし，このまま輸入を盛んにすると，さっきみんなで話し合った課題のところが心配。」

「だったら，輸入も自給率も今のままがいいんじゃないかな。外国のいろいろな食料も食べられるし，このごろは自給率もあまり変化していないから③に賛成。」

「でも，③のようにこのままの状態を維持するのなら日本の今の農業は課題を解決できないんじゃないかな。」

「そうそう，だからやはり②のように自給率を上げることが大事だと思う。」

T「皆さん，先ほどから誰の立場で考えていますか。主に消費者の立場ですね。少し視点を広げて『農業で働く人』の立場で考えてみましょう。やはり，みんなの考えは同じですか？」

S「確かに消費者だったら①の輸入賛成派だったけど，働く人の立場だったら，自分の仕事に影響するから②の自給率の視点が優先になるかもしれない。」

★ Point!

①　情報を焦点化した提示をする

　本時で扱う折れ線グラフは，５つの項目の情報が入っている。そのような２つのグラフを比較することは，資料の読み取りが苦手な子どもにとってはどの情報に着目してよいのかわからなくなる場合がある。今回は肉類の情報に絞って提示することによって，情報が焦点化し違いがわかりやすくなっている。このことは他の子にとってもわかりやすい情報提示となっている。

②　選択する発問で自分の立場を決める

　食料の輸入に関して考える際に教師が３つの立場から選択する発問をしている。このような発問は，「どのように考えますか。」と問うことよりも，子どもにとっては考えやすくなる。考える範囲が自ずと限定され，思考の焦点化が図られる。

【参考文献】
１）村田辰明著『社会科授業のユニバーサルデザイン』東洋館出版社，2013年

拡大提示を基本に，変化や比較して提示する

5 学習意欲を高め，気づきを深める資料提示のスキル
　はじめの一歩

（1）　資料の拡大提示の効果

　社会科授業では資料の拡大提示が日常的に行われる。

　そのよさは，拡大することによって**視点を焦点化する**ことができる点である。拡大提示の資料を教師が指さすことによって，資料のどこを子どもたちが見ればよいのか，すぐに理解できる。特に資料の中の情報量が多いものほど，その効果は大きい。**丸や矢印をつけて，注目させたいところを視覚化することも効果がある**。また，子どもたちの発表資料としても使いやすい。言葉だけで伝えるのが難しい場合でも，拡大した資料を子どもが指示棒で「ここの部分だけど…」と言い始めただけで**伝わり方が全く異なってくる**。

　以前は資料の拡大物を準備するのに手間がかかったが，今はICT機器で容易にできる。さらに，子どもたち自身が学習用の端末で自ら調べたい部分を拡大することができる環境になっている。拡大化による資料提示は当たり前のようになっている。

（2）　さまざまな資料提示の方法

　授業において，子どもたちに資料を提示するパターンは，多くは学習の流れに沿って必要な資料を順番に提示することであろう。これは子どもたちの思考の流れに沿って，資料を焦点化して学習できるよさがある。そのうえで，さらに次のような工夫を加えることで効果が上がる。

①　資料を変化させて提示する

　資料を変化させるということは，たとえば写真の一部を隠したり，グラフを途中まで示したり，表の一部を空白にしたりするということである。その変化の部分が，子どもたちが追究するところである。

　グラフを途中まで提示しその後を予想させたり，信号機の色を空白にしてどこが何色か考えさせたりすることも変化の１つである。

②　資料を比較させて提示する

　「違いや変化に気づかせたい」という時には複数の資料を同時に示すと有効である。

　たとえば，１つの資料を提示してもなかなか気づかない場合，もう１枚，別の資料を提示し比較することで，違いが鮮明になる。

　このような比較は，既習事項を使ってもできる。たとえば，鎌倉時代の武家屋敷と平安時代の寝殿造のそれぞれの絵を比べて，違いを発表させたりすることで，それぞれの時代の変化や特色に気付くことができる。

③　資料を一気に提示する

　複数の資料を一気に提示するのも，時には効果がある。

　たとえば，室町文化に関わる写真（茶の湯，生け花，狂言，書院造等）を同時に示し，共通していることを考えさせる。子どもたちは，それぞれの室町文化が，現代にもつながっていることに気づくだろう。

　また，１年間の米作りに関わる写真（田おこし，しろかき，田植え，除草，稲刈り等）の写真をばらばらに提示し，順番を考えさせるのもこの方法の１つである。並び替えを考える過程でそれぞれの作業の内容や必要性を子どもたちは考えることができる。

　ここでは３つの例を示したが，提示する方法をいくつも知るということは，指導方法の選択肢が増えるということである。授業をさまざまな形で展開するうえで，それは望ましいことである。

② こんな場面で使える！
学習意欲を高め，気づきを深める資料提示のスキル

（1） 情報を少なくして提示する

　5年生の水産業の学習で，子どもたちが「日本の主な漁港と水あげされる主な水産物の量」の図を見ている。図には主な漁港とその水揚げ高，養殖の盛んなところ，よくとれる魚の絵，暖流と寒流等，多くの情報が入っている。

T「皆さん，まずは左上の記号を確認していきましょう。小さな赤丸は？」
S「主な漁港。」
T「いくつありますか。」
S「（子どもたち数える）12の漁港がある。」
　「それぞれ漁港の名前と水揚げ高が示されている。」
　「その近くには魚が書かれている。根室ならさんまというように。」
T「確かにそうですね。ピンクの太い矢印は何でしょう。」
S「暖流。青は寒流。」
T「暖流と寒流にはそれぞれ，どのような魚がいるでしょうか。
　わかりにくいかな？それでは暖流と寒流，魚だけの情報を見せましょう。」
S「わかりやすい！寒流にはさけ，さんまがいる。暖流には，たい，かつお，ぶりがいる。」

★ Point!

○ 子どもに合わせた情報提示をする

　資料の情報の多さは幅広い気づきを促す。その一方でわかりにくさを生む場合がある。特に資料の読み取りが苦手な子にとっては顕著である。そのような場合には，資料の情報を減らして提示することが効果的である。

（2）　1つずつ項目を示す

　4年生の水の学習である。市の水道量の変化がわかる棒グラフがある。その変化の様子に気づかせるために，教師は古い年代の順番に1項目ずつ示そうと考えた。

T「これは市の一日当たりの水道量の変化です。最初に1970年のものです。（1つの棒だけ示す。）」

S「あっ，7万（立方メートル）ぐらいかな？」

T「次は1975年だよ（次の棒を1つだけ示す。）」

S「増えている。10万（立法メートル）を超えた。」

T「次は1980年。（以下同様に1つずつ示す。）85年。90年。」

S「どんどんと増えていっている。」

　「水の使用量が増えているのは，人口が増えていることと関係があるのかな？」

T「グラフの半分まで1つずつ示しました。1日当たりの水道量は増えていることがわかりましたね。グラフの半分まで来ました。**1995年からはどのように変化すると思いますか。**」

S「今まで増えているから，きっと同じように増える。」

　「私も増えると思うけど，増え方は違っているかもしれない。」

T「では見せていくよ。（1995年から1つずつ棒を示していく。）」

S「あれ？それほど増えていない。人口は増えているのにどうして？」

★ Point!

○　気づきやすさを支援する

　項目を1つずつ示すよさは，細かな変化の様子に子どもたちが気づきやすい点である。またこの授業のように，途中から予想させて意外な結果になった際には子どもたちの追究意欲を喚起することができる。

（3） 隠れている部分から工夫に気づかせる

　3年生の販売の仕事の学習。スーパーマーケットを見学した子どもたちに，表示で工夫している点を一部隠して示し，その効果を考えさせる場面である。

T 「スーパーマーケットの許可を得て写真を撮って来ました。これです。」
S 「バナナだ。ここは見たよ。表示に値段も書いている。」
　 「あれ？先生，値段の上が隠れているよ。」
T 「よく気づいたね。ここに何が書かれていると思いますか。」
S 「きっと商品名が書かれている。」
　 「そうそう，大きくバナナと書いてあると思う。」
　 「バナナだけじゃなく，もっと売れるような言葉を書いているんじゃない？たとえば『おいしいバナナ』。」
　 「野菜や果物はどこでとれたかが書かれていることがあるよ。」
　 「バナナだから，フィリピンかな。」
T 「みなさん，よく考えましたね。ここの隠れているところ，みたいですか？」（子どもたち，「見たい，見たい」）
　 （隠れている部分を示す。「大きく甘いフィリピン産バナナ」と表示）
　 このような表示は，どのようなよさがありますか。」
S 「産地がわかって安心できる。」
　 「『甘い』という言葉から買いたくなる。お店の工夫だと思う。」

★ Point!

○　曖昧な部分を考えさせる

　資料の一部を隠すことは以前から行われてきたが，資料のデジタル化が進んで容易になった。子どもたちにとっては曖昧な部分を考えさせることにより，商品をPRする効果や見学時に細かいところまで見ることの大切さを学ぶことができる。

（4）　資料を比較して考えやすくする

　5年生の寒い地方のくらしの学習で，北海道の家の雪対策の工夫を，雪の降らない地方の家の写真を比較して考えさせる場面である。

T「北海道の家と雪のない地方の家，**比較して違うところはどこですか。**」
S「北海道の家は玄関が二重になっている。」
　「たぶん，雪や寒さが家の中に入らないようにするためだと思う。」
　「玄関も高くなっている。これは雪が積もった時に玄関が埋まってしまわないようにするためかな。」
　「玄関だけではなく，窓も二重になっている。寒さ対策だけど，防犯対策にもなっている。ぼくの家も防犯対策で二重になっている。」
　「北海道の家は平らな屋根だけど，雪のない地方でも北海道と同じように平らになっている。」
　「ぼくも気づいたけど，平らなままだと雪がどんどんと積もって，雪下ろしが大変だと思う。どうして平らにしているのか，不思議。」
T「確かにそうだね。これは旭川市の住宅地の写真です。みんなが指摘する通り，平らな屋根が多いですね。大雪になった時に，どのようにしていると思いますか。」
S「今調べていたら，屋根から排水されると書かれていました。真ん中が少し低くなっていて，そこに水が流れこむらしいです。」

★ Point!

○　比較から深める

　2つの事例を比較することで，相違点に気付きやすいというよさがある。それは，その事例の特色を理解することにつながる。さらにここでは共通点から，「違うはずなのになぜ？」という新たな課題を子どもたちは見つけ出している。

（5）　写真をまとめて示す

　6年生の「子どもたちと戦争」の学習で，教科書や資料集にある写真を授業の導入で一気に示す。

・戦争中の子ども向けの雑誌や当時のすごろくの写真
・兵士に敬礼する小学生の写真
・軍の訓練に参加する小学生の写真
・工場で働く女学生の写真
・子どもたちが疎開している写真

T「どの写真でもいいです。思ったこと，感じたことを発表しましょう。」
S「学校の門のところに兵士さんがいて，子どもたちはみんな敬礼をしている。兵士さんを大切にしていることがわかる。」

　「もしかしたら，兵士さんが学校に戦争のことを教えるために来ているのかもしれない。」

　「確かに別の写真でも校庭や公園みたいなところで銃を撃つ訓練を男子がしているし，女子は担架で人を運ぶ訓練をしている。」

T「それぞれの写真を関連づけていますね。」

　「戦争のための訓練も勉強なのかな？まあ，今でも急な時に助けることは大切だけど…。」

　「工場で働いている人は中学生ぐらいに見えるけど…。」

　「教科書に中学生も兵器工場で働いていたということが書いてあるよ。」

　「ということは，作っているものは兵器だと思う。」

　「私はすごろくに注目したんだけど，絵がみんな戦争の場面になっている。今のすごろくとは全然違う。」

　「絵になっている子どもたちも戦争を喜んでいる感じに見えてくる。」

　「どの写真も戦争に関係がありそうだ。」

　「そうそう，当時の学校も生活も戦争が中心。今の子どもと全然違う。」

T「この写真（疎開）についてはどうですか。やはり戦争に関係がありそう

ですか。」

S 「子どもたちがごはんを食べる時の様子だと思うけど，何かお泊り会でも
　しているのかな。」

　「戦争のころにはそのような余裕はなかったと思う。」

　「それはたぶん『疎開』のことだと思う。都会の子どもたちが，空襲など
　の被害を受けないために，地方に集団で移動し，お寺などで一緒に生活を
　していたらしい。」

T 「皆さん，多くの考えが出てきましたね。ここで改めて写真のタイトルを
　確認していきましょう。教科書にある写真です。**これらの写真に共通して
　いることは何でしょうか。**」

S 「さっきＡさんが言っていたけど，全ての写真が戦争に関係がある写真
　だ。」

　「しかも戦争は大人が戦うんだけど，子どもたちもいざという時には力に
　なれるように訓練されていた。兵士さんと小学生の写真や軍の訓練からそ
　れがわかる。」

　「工場で働くことも，戦争のための兵器づくりのため。」

　「すごろくは，戦争に反対しないような気持ちにさせるためかもしれな
　い。」

　「やはり，Ｂさんの言うとおり，学校も生活も戦争が中心の時代だ。」

★Point!

○　まとめて提示する際には目的を明確にする

　この授業でまとめて提示したのは，写真資料を関連づけ，共通点から考え
ること目的である。子どもたちからその目的に即した発言が出てきた場合に
は意図的に取り上げ，明確に「共通点は何か」と発問をしたい。

6 ≫≫≫ 子どもたちの地図資料作成力を伸ばすスキル

自分がつくった地図資料から考える

1 子どもたちの地図資料作成力を伸ばすスキル はじめの一歩

（1） 子どもたちが地図を作成するという視点

　地図指導といえば，たとえば地図帳を使って47都道府県名と位置を覚えたり，各都道府県の地図から土地利用・産業・各地の特色を学んだりする学習活動がある。また，高学年であれば学習内容に関わる分布を日本地図や世界地図で学ぶことも多くなる。これらは，地図に関わる読み取りである。

　一方，子どもたちが地図を作成するという活動も，社会科が始まる３年生からスタートする。たとえば，まち探検で学区の絵地図を作成したり，市の地図に特色ある内容を書き込んでいったりするといった活動である。先の読み取りと併せて，子どもたちの地図の見方・考え方は育成されていく。

　しかしながら，授業においてこのような地図を作成する活動は学年が上がるにつれて減っていく傾向にあると推測される。教科書に地図作成の取り組みがある場合には活動時間が保障されるだろうが，授業の中に活動を積極的に取り入れていくことは簡単にはいかない。準備や作業を含め時間がかかる活動であるのは確かであるが，その活動の中で子どもたちの地図帳の見方や気づきも増し，地図学習に関する技能が伸びるのも事実である。

　その点で積極的に地図資料作成の活動を授業に組み込んでいきたいものである。

（2） 地図資料作成後の活動ポイント

　地図資料作成の活動のポイントは３つ考えられる。

　1つ目は**地図資料の作成の具体的な方法を教え，そのよさを感じさせる**ことである。

　たとえば3年生で市の様子の地図を作成する場合，最初は市の形を描き，そこに道路や鉄道，川などを書き込んでいくであろう。そして調べた場所について地図記号を使いながら説明を書き加えていく。これらの作業過程で，子どもたちは方角や地図記号を活用するよさや，色を使って土地利用を区別する視覚的効果を実感させていくのである。

　2つ目は，**作成した資料を使って学びを深める**ことである。

　たとえば，4年生の学習で自分たちが住む都道府県の情報を地図から読み取った後，今度はテーマを決めて情報を地図上に表現する。「果物マップ」でも「高い山マップ」でも何でもよい。タイトルをつけたら，オリジナル資料の完成である。これだけでも，子どもからすれば今まで読み取る対象だった地図資料を自分が作成したということで達成感は大きいであろう。

　さらに，「自分が作ったマップからわかることは何か」と傾向を考えさせることにより，子どもたちの学びは深まる。今度は「資料をわかりやすくつくることは新しい発見につながる」というように，資料を作成する意義を意識するようになる。

　3つ目は，**自主的な学習に誘うようにする**ことである。

　先に述べたように授業の中で地図作成活動の時間がなかなかとれないということであれば，ある程度時間が保障される単元のまとめの表現活動の中で，新聞やスライドの中に「自分が作った地図資料を入れる」という取り組みをすることは可能であろう。また，家庭学習の自主学習等で取り組んでみようと働きかけることも考えられる。

　むろん，このような活動では子どもたちが地図作成の方法を身につけていることが前提である。

② こんな場面で使える！
子どもたちの地図資料作成力を伸ばすスキル

（1）「交通安全しせつマップ」を作る

　３年生での地域の安全を守る仕事の学習で，学校の周辺の交通事故を防ぐ施設について，子どもたちが調べる学習である。

【事前指導】

T　「次の時間は学校のまわりの交通安全施設を調べます。学校のまわりの絵地図を１学期に作りましたね。**今日は，その絵地図をもとに，調べる範囲をまずは決めていきましょう。**絵地図の中から学校と道路を抜き出したワークシートを配ります。これから見学コースを矢印で書いていきましょう。①学校から大きな道路に出たら右側に進む。②坂口スーパーの前まで調べる。③信号を渡ったら左側に進む。④みどり公園のところまでを調べる。見つけた施設と気づいたことを地図に書きましょう。」

【調査活動後】

T　「どんな交通安全施設がありましたか。」

S　「スーパーまではガードレールが続いていた。車が多いからだと思う。」

　　「道路標識や点字ブロックもあった。」（次々と子どもたちは発表する。）

T　「それでは，今の発表を今度は大きな全体地図（黒板に貼る）に書き込んでいきましょう。」

★ Point!

○　個人の調査結果を全体に位置づける

　ここでは個人の調査の地図活動をしている。一度共同で作成した学校周辺の絵地図を利用しているので空間把握がしやすい。また，個人の結果を全体地図に反映することで，自分の調査活動が全体の中に位置づけられ，学習意欲の喚起につながる。

（2）　県内一周旅日記を作成した地図で楽しむ

　4年生での自分が住む都道府県の特色の学習のまとめとして，白地図にその特色を書き込んでいく学習である。県内一周旅日記という場面設定をして取り組ませる。

T「今まで皆さんは岩手県のことを学習してきました。どの市町村にどのような特色がありましたか。」

S「伝統工芸品では南部鉄器が奥州市で作られていました。」

　「南部鉄器は盛岡でも生産が盛んです。」

　「盛岡といえばわんこそばも有名。」

T「今，わんこそばが出てきましたが食べ物に関するものは他に何がありましたか？」

S「沿岸の宮古市では，鮭がよくとれる。」

　「そうそう，鮭まつりもあることを学習した。」

　「沿岸の他の市町村でも，わかめやかきなどがよくとれることが地図帳からわかる。」

T「Aさんから地図帳の話が出ました。**確かに地図帳にはそれぞれの市町村の特色を表す絵記号が書かれていることを学習したね。印もあるはずです。**沿岸には鮭，わかめ，かきが北から南まで絵記号で出ています。」

S「先生，平泉には見慣れない記号があるけど，これは何ですか？」

T「皆さん，何だと思いますか。実は静岡県の富士山にもあります。」

S「有名という意味かな。」

　「これは世界遺産だと思う。平泉には中尊寺金色堂があって，世界遺産ということでぼくが行った時にもたくさんの観光客が来ていたよ。外国からも来ていたよ。」

T「このように板書してみると，みなさん岩手県のさまざまな特色を学習しましたね。今日はその特色ある市町村を旅行しましょう。もちろん，実際

には行くことができませんから，地図で旅行をします。題して『岩手県一周旅行』です。」

S「おもしろそう！」

　「私も盛岡に行って，もう一度わんこそばを食べてみたい。」

　「葛巻のような広い牧場に行って牛を眺めたり，美味しいヨーグルトを食べたりしてみたい。」

T「そうです。今のように実際に行ったことにして旅日記を書いてみましょう。そのために次のようにして学習をしていきます。」

①自分が今まで学習した所や新たに見つけた所で，行きたい市町村を丸で囲みます。それらをつないで県内一周になることが条件です。

②白地図に市町村名と特色のあることをキーワードで書きます。たとえば，「奥州市・南部鉄器」というようにです。

③さらに「南部鉄器のふるさとで作っているところを工場見学しました。すばらしい作品がそろっていました。」というような旅日記を書いていきます。イラストや移動の様子も書くとなおいいですね。

★ Point!

①　既習内容は地図帳を手掛かりにする

　子どもたちはこの単元では地図帳を活用した学習に取り組んでいる。単元でも自分たちの学びに履歴を見るようにしたい。

②　プラス・アルファの活動で作成した地図資料を生かす

　地図旅行にすることで，より多くの県内各地の特色に触れることになる。また，子どもたちも意欲的に活動に取り組むことが考えられる。

（3）　日本の何でもマップから特徴を考える

　地図帳の巻末には「日本の統計」のページがある。その中に各都道府県のデータが示されている。それを活用した5年生の地図資料作成の学習である。

T「地図帳の『日本の統計』を見てみましょう。数字がたくさんですね。表の左側には都道府県が書かれています。この表から何がわかりますか。」

S「都道府県別のデータがわかる。たとえば面積や人口。」
　「米や野菜，果物などの生産量もわかる。」
　「他にも『ふるさと自慢』や伝統工芸品もわかる。地図の方でも絵記号でわかるんだけど，統計だから数字や言葉でわかる。」
　「下には農産物のグラフのデータがある。」

T「確かに日本の各都道府県のことがすぐにわかりそうですね。たとえば，米の生産量はどこが多いですか。」

S「新潟県，北海道，山形県，秋田県，茨城県，宮城県，福島県…」

T「どこに多い傾向と言えそうですか。」

S「新潟は中部地方だし，北海道や東北もある。でも茨城県は関東だし…」

T「これでわかりやすいかな。（右のような該当県が塗られている略地図を示す。）」

S「あっ，一目でわかる！北海道・東北地方・新潟が中心。」

T「どうやら**日本地図に表してみると，傾向がわかりそう**ですね。それでは，みなさんもここの統計データから同じように作ってみましょう。」

　（子どもたちは，教師の指示のもと白地図に色を塗り始める。教師が「1位新潟県」と言い，塗る場所を確認してから子どもたちは塗る。11位で終える。）

S 「東北地方が全部入っている。」

「他は北海道・新潟・茨城・栃木・千葉。全部続いている感じ。」

「日本で米作りが盛んなのは東日本が中心。学習した通りだ。」

T 「今のＡさんのように，資料から言えることを考えると学びが深まります
ね。それでは別のデータで調べてみましょう。次は人口でやってみましょ
う。500万人以上の都道府県。自分たちでできそうですか。」

（子どもたち，作業に取り組む。白地図に色を塗りながら，「やはり東京
都が１位だ」「東京都の周りの県も多い」といったことをつぶやきながら
作業をする。）

T 「私も皆さんと一緒に取り組みました。同じですか。（子どもたち，確認
する。）どのようなことが言えそうですか。」

S 「やはり，東京都とその周りの県に人口が集中している。」

「北海道も入っているけど，それは面積が広いからかな。」

「東京都，埼玉県，千葉県，神奈川県の４つの面積を足しても北海道より
はかなり小さいけど，人口はかなり多い。」

T 「その通りです。日本の人口の約３割がこの東京都と３つの県にいると言
われています。その他，愛知県や大阪府，兵庫県や福岡県も人口が多いで
すね。それぞれ大きな市があります。」

「どうですか。自分たちでもこのような地図の資料ができましたね。」

T 「こんどは皆さんが問題を作ってみましょう。どのような問題ができそう
ですか。」

S 「野菜生産が多いところ，果実生産が多いところもできそうだ。」

「工業生産の多いところもできそうだ。中京工業地帯や京浜工業地帯，阪
神工業地帯のところが多そうだ。」

「反対に少ないところを調べてみても，おもしろいかもしれない。」

「数字のデータではなく，『おもな農産物の生産』だと，さっきのように

傾向がわかるかもしれない。」

「りんごは寒い地方，みかんは暖かい地方でよくとれるということを聞い
たことがある。」

T 「それでは自分で問題に取り組みましょう。「りんごマップ」というよう
に，何を調べてつくったのかわかるタイトルをつけます。地図から傾向を
考えて，気づいたことを書きましょう。」

★ Point!

① データから地図にするよさを実感させる

　ここでは，米の生産量が多い県を数字だけの統計と日本地図との比較で教
師が示した。地図を作ることで，その傾向が視覚的にすぐにわかるよさを子
どもたちは実感することができた。

② 地図の作成作業はスモールステップで行う

　統計数字から地図作成への作業を初めて取り組む場合には，統計資料の見
方がわからない子がいることが考えられる。教師が子どもと一緒に１位の県
とその場所を確認してから塗らせている。このようにスモールステップで取
り組むことが大切である。

③ 地図統計から様々な問題に取り組めることを確認する

　米の生産量，人口の多い都道府県の例のあと，子どもたちに統計からどの
ような問題に取り組めそうか教師が聞き，実際に取り組ませている。子ども
たちがこの授業で選んだ問題は１つであるが，様々な問題ができることを理
解したので，今後の自主学習で幅広い地図資料作成が期待できる。

※地図帳は『楽しく学ぶ小学生の地図帳３・４・５・６年』（帝国書院，
　2021年）を参考にした。

7 ≫≫≫ 子どもの問いを深める授業づくりスキル

「はてな？発見力」を育てるために

① 子どもの問いを深める授業づくりスキル はじめの一歩

　社会科の授業づくりで私が一番大きな影響を受けたのは，故有田和正氏である。有田氏から学んだスキルは数多いが，ここでは子どもの問いを深める授業づくりについて示していく。

（1）「子どもはもともと追究する存在」という考え方

　「子どもたちは，もともと追究する存在である。」という言葉は，有田氏のものである。ここで注目したいのは「もともと」という部分である。有田氏は，「どのような子どもたちも追究する」という信念をもっていたと考える。

　たとえば有田氏の「追究の鬼を育てる実践」の中に1週間の試食の宿題というものがある。ふだん，あまり追究活動をしようとしない児童が食べ物には目がないことに気づいた有田氏が，その子だけではなく全員に試食の宿題を出した。その児童は大喜びで家族と試食をして回ったが，そのうち試食の時の店の人の態度や何を試食させているかなどを追究しはじめ，そのうちに「店の人は，なぜただで食べさせるのか？」という試食のねらいに気づき，本格的に追究したというものである。この学習をきっかけにその児童は大変身した。つまり，もともともっていた「追究する存在」になったのである。

　これは有田氏の「子どもはもともと追究する存在」という子ども観が顕著に表れた事例であろう。その子ども観があったからこそ，一人の子を変える教材開発（しかもその子だけではなく，学級全員も意欲的に追究している）ができたと推測する。まずはこのような子ども観をもちたい。

（2）　逆思考の教材づくり

　有田氏は，子どもたちを追究活動に誘うためには，「北風」（おもしろくない授業）ではなく，「太陽」（おもしろい教材）が必要と述べている。そして，おもしろい教材の条件として，「おもしろい」，「基礎的・基本的な内容が入っている」，「学習方法がよくわかる」の３点を示している。

　確かに先の試食の教材は，子どもたちが間違いなくおもしろいと感じる教材である。有田氏が宿題に出した時に，子どもたちが大喜びだったことからもそれはわかる。それだけではなく，学習としての追究内容があり，毎日観察するというように学習方法が明確である。

　そのような教材を開発するためには，「逆思考」であると有田氏は述べている。知識が身についてくると，「○○とはこういうもの」という固定観念がどうしても身についてしまう。それが先入観となり，教材開発も新しい事実が出てくるわけではない。

（3）　子どもたちに必要な学習技能

　有田氏は「追究の鬼」を育てるために必要な学習技能として，「はてな？発見力」，「調べる力」，「表現力」の３点を示している。

　この中でも，「はてな？発見力」は最優先すべき学習技能である。「はてな？」を発見させるために，有田氏は「はてな？見つけ」の訓練をしたり，「こんな『はてな？』もあるよ」と教えたりしたという。そのうえで，実際に「はてな？」を発見した子どもを取り上げたり，ほめたりして，その「はてな？」を価値づけていく。その繰り返しが技能を伸ばすことにつながる。

　これは，授業における子どもたちの問いの取り上げ方の重要さを物語っている。「授業中に子どもたちが新たな問いをもつ仕掛けをしているか」，「その問いを活かす働きかけを教師がしているか」という２点を授業づくりで重視することで，子どもたちの「はてな？発見力」は伸びていくことであろう。

② こんな場面で使える！
　子どもの問いを深める授業づくりスキル

（1）　1枚のグラフから考える

　6年生の最後の授業の前半である。現在の日本の領土の範囲を復習し，総面積が約37万8千平方キロメートルであることを確認してから，次の1枚のグラフを示す。

T「日本の面積は，統計を取り始めた
　1880年は約38万3千平方キロメート
　ルでした。グラフのように，今とそ
　れほど変わりませんね。それではこ
　の1880年から2020年まで面積はどの
　ようになっていたと思いますか。」
S「歴史の学習で，日本が清やロシア
　と戦って勝ったことがあったから，
　増えたのだと思う。」

　「朝鮮を植民地にしたから，今の面積よりはかなり多くなっていたと思
　う。」

　「でも，今は1880年ごろと同じだか
　ら，太平洋戦争で負けて一気に減っ
　たのではないかと思う。」

T「今までの学習をもとに皆さん，よ
　く考えましたね。グラフを1つずつ
　示していきます。（右のように一項
　目ずつ示していく。）」

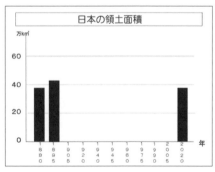

　（子どもたちは一気に増えたところと，一気に減ったところに反応する。）

T「皆さん，オーと言っていたけど，どこを見てそう思いましたか。」

S 「1920年のところで一気に増えている。それまでも少しずつ増えていたけど，ここだけ別。」

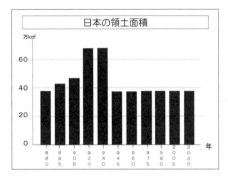

「1905年までも確か，日清・日露戦争があったから増えているのもわかるんだけど，その後の増え方が今の日本の2倍近くになっている。驚いた。」

「ぼくも驚いたけど，もう1つは1945年に一気に減ってしまったこと。やはり戦争に負けたからかな。」

T 「今，Aさんから『一気に減ったのは戦争に負けたから？』という疑問が出ましたが，**皆さんから他に疑問はありませんか。**」

S 「よく考えたら，今の日本よりも1880年は少し多いけど，今とどこが違うのかな。」

「みんなが発表していたので，増えた理由も戦争だと思うけど，もしかしたら別の理由もあるかもしれないので調べてみたい。」

「1945年からは変わっていないように見えるけど，確か沖縄は戦後にアメリカの占領が続いていて，その後日本に返還されたはず。だから，日本の面積だって増えているはず。」

「面積だから，埋め立てをしたのも増える理由になっているのではないか。」

（教師は子どもたちの疑問をキーワードにして板書しながら，『？（はてな）』をつけていく。）

T 「さまざまな疑問が出てきましたね。そして，一つ一つに予想があるのも調べやすいですね。それでは，黒板にある疑問から自分で調べる順番を決めて，このグラフから出てきた疑問を解決しましょう。友達と話し合いながらして構いません。」

（子どもたちがさっそく調べ始める。教科書を使う人，資料集から探す人，

端末を使って調べる人と様々である。調べた後，子どもたちが発表し，話し合う。）

T「教科書ですでに解決済のところは，日清戦争・日露戦争後の条約で増えた，1910年の朝鮮併合で朝鮮を植民地にしたということですね。」

S「1880年ごろには今の北方領土にも，日本の人々が住んで生活をしていたようだ。」

「でも，今も北方領土は日本の領土だから今の面積の中に含まれているようだ。」

「1968年には小笠原諸島が，1972年には沖縄が日本に返還され，その分の面積が増えているはずです。グラフでは見えないけど…。」

T「1枚のグラフでしたが，そのもとにある日本の歴史をより深く学ぶことができましたね。**日本の面積の変化から，考えたことは何でしょう。**」

S「今は日本の面積は変わるものではないものと思っていたけど，日本に戦争が多かった頃は，面積が変わるのが逆に当たり前なのだと思った。」

「結果的に戦争は土地を奪い合うのが一番の目的なのだと考えた。」

★Point!

○ **読み取りから疑問や仮説を出させる**

　この授業で使った「日本の領土面積」のグラフは，統計データ（『数字でみる日本の100年—日本国勢図会長期統計版（改訂第6版）』矢野恒太記念会，2013年）をもとに作成したものである。歴史における既習内容をもとに，読み取るだけではなく疑問やその仮説を出させることが大切である。そして，調べて解決するだけではなく，考えたことを問うことで学びは一層深まる。

（2）　社会科を学習する意義を考える

　（1）の続き，6年生最後の授業の後半である。有田和正氏の実践「日本が75年間戦争しなかったわけは？」（有田和正著・佐藤正寿監修『社会科授業の教科書5・6年改訂版』さくら社）を一部追試している。第2次世界大戦後一度も戦争をしていない国を尋ねる発問とそれに関する地図の提示，日本が第2次大戦後戦争をしていない理由を尋ねる発問である。

T「先ほど，グラフで日本は戦争が終わった1945年から，小笠原諸島・沖縄の返還の分が増えただけで，面積がほとんど変わっていないことを学びました。これは日本がどんな状態だからですか。」

S「戦争がない状態。」

　「戦争がなく，日本が平和なこと。」

T「そうですね。日本は太平洋戦争が終わってからは戦争をしていません。今も世界では戦争が続いている国があります。ニュースでみんなも見ていますね。」

　（子どもたち，ニュースで知ったことを発表する。）

　「それでは，第二次世界大戦後，一度も戦争をしてない国はいくつあると思いますか？現在世界の独立国は197ケ国です。」

　（子どもたち，10ケ国，20ケ国，30ケ国，50ケ国等，予想を立てて発表する。「いろいろな国が戦争をしているニュースを見るから」と理由を加える子もいる。）

1945年から戦争をしていない国

T「1945年から戦争をしないといわれている国は地図の通り8ケ国です。（国名も言う。）」

S「えー，少ない！」

　「これしかないんだ！」

T「調べてみると6ケ国と説明している本もあります。どちらにしてもみん

なの予想よりは，はるかに少ないことには変わりありませんね。どんなことを考えましたか。」

S「今まで悲惨な戦争の歴史を学んだのに，戦争をしないでいるということが珍しいことなんだと思った。」

「どうして戦争がなくならないのだろう。」

「1945年より後に戦争をしていない国が少なくて，その中に日本が入っていてすごいことだと思った。」

T「今，Aさんが話しましたが，日本のように1945年より後に戦争をしていない国は限られています。皆さんも知っている通り，それまで日本は盛んに戦争をしていました。

　今年は戦争が終わって何年ですか。そう，77年ですね（授業時：2022年）。1945年の77年前はいつですか。1868年です。これは明治が始まった年です。つまり，様々な戦争があった明治〜昭和20年までの間の77年と，戦後の77年と同じ年月なのです。」

S「そう考えると，77年も戦争をしていないことは，やはりすごいことだと思う。」

T「**日本が77年間も戦争をしていない理由は何だと思いますか。**」

S「原爆や空襲で日本が大変な戦争を経験したから。」

「今の考えに付け加えて，二度と戦争をしてはいけないとみんなが考えている。」

「日本国憲法で，戦争を放棄すると決めている。平和主義。」

「憲法で決めていることだから，戦争をしないことを守らなければいけない。」

「大人もぼくたちも，戦争では死にたくないと思っているし，家族も死なせてはいけないと思っている。戦争に反対している人が多い。」

「日本の各地で，戦争の悲惨さを伝える施設や人々がいて，平和の大切さを訴え続けているから。」

T「いくつもの考えが出てきました。答えは1つではなく，みんなが考えたようにいくつもあるでしょう。大事なのは，そのことを考え続けることです。

今日は6年生最後の社会科の授業ですが，みんなが学習した日本の面積のことは中学校では地理で，明治以降の戦争のことは中学校では歴史で，そして最後に出た日本国憲法のことは公民でまた学習をします。これからも学び続けてください。」

★ Point!

① 優れた教材開発から学ぶ

　本内容は有田氏の「戦後〇〇年」という教材開発の授業の一部（太字の部分）を追試したものである。元は佐久間勝彦氏が開発したものを，有田氏が誰でも授業できるように簡略化したものである。1945年以降に戦争した国の少なさや，戦後の長さ（つまり戦争をしていない期間の長さ）は子どもの意表をつく。

② 新しい問いを既習の知識で考える

　「日本が戦争をしていない理由は何か」という新たな問いに対し，それまでの社会科の知識を活用することで，子どもなりに考えをまとめることができている。既習の知識を広く活用する問いの重要さを示している。

【参考文献】
1）有田和正著『「追究の鬼」を育てる』明治図書，1989年
2）有田和正著『「はてな？」で追究力を育てる』明治図書，1990年
3）有田和正著『学習技能を鍛える授業』明治図書，1996年
4）有田和正著・佐藤正寿監修『社会科授業の教科書5・6年改訂版』さくら社，2020年

【著者紹介】
佐藤　正寿（さとう　まさとし）
1962年，秋田県生まれ。1985年から岩手県公立小学校に勤務。
教諭，副校長を経て2018年から東北学院大学文学部教育学科教
授。小学校教員時代は「地域と日本のよさを伝える授業」をテー
マに実践を重ねた。現在は教員を目指す学生に自分の教員時
代の経験を語っている。

【著書】
『スペシャリスト直伝！社会科授業成功の極意』（明治図書，
2011年）
『ゼロから学べる小学校社会科授業づくり』（明治図書，2016
年）
『WHY でわかる！　HOW でできる！　社会の授業 Q&A』
（明治図書，2020年）
『図解　社会の授業デザイン』（明治図書，2023年）　他多数

スペシャリスト直伝！
社会科授業力アップ成功の極意
学びを深める必須スキル

2024年2月初版第1刷刊	©著　者	佐　　藤　　正　　寿
	発行者	藤　　原　　光　　政
	発行所	明治図書出版株式会社

http://www.meijitosho.co.jp
（企画）及川　誠（校正）安田皓哉
〒114-0023　東京都北区滝野川7-46-1
振替00160-5-151318　電話03(5907)6703
ご注文窓口　電話03(5907)6668

＊検印省略　　　　　　組版所　藤　原　印　刷　株　式　会　社

Printed in Japan
ISBN978-4-18-289921-8
もれなくクーポンがもらえる！読者アンケートはこちらから →